OS PATRIARCAS DE
Yahveh

A SAGA DOS CAPELINOS

OS PATRIARCAS DE
YAHVEH

Albert Paul Dahoui

VOLUME 4

HERESIS

© 1997 by Albert Paul Dahoui

INSTITUTO LACHÂTRE
RUA DOM BOSCO 44 - MOOCA - SP - CEP. 03.105-020
TEL./FAX (11) 2277-1747
PÁGINA NA INTERNET: WWW.LACHATRE.COM.BR
e-mail: editora@lachatre.org.br

PRODUÇÃO GRÁFICA DA CAPA
ANDREI POLESSI

REVISÃO
CRISTINA DA COSTA PEREIRA
KÁTIA LEIROZ

8ª edição
GRÁFICA ASSAHI LTDA.
SÃO BERNARDO DO CAMPO, SP

A reprodução desta obra, por qualquer meio,
somente será permitida com a autorização por escrito da Editora.
(Lei no 9.610 de 19.02.1998)

Impresso no Brasil
Presita en Brazilo

CIP-Brasil. Catalogação na fonte

D129q   Dahoui, Albert Paul, 1947-2009.
       Os patriarcas de Yahveh / Albert Paul Dahoui – 8ª ed. – São Paulo, SP :
Heresis, 2019.
       v. 4   (A saga dos capelinos, 4)
       216 p.

       1.Capela (estrela). 2.Capela (estrela) – evasão de. 3.Ahtilantē (plane-
ta) – civilizações de. 4.Oriente Médio – civilizações antigas. 5.Literatura
esotérica-romance épico. 6.Romance bíblico. I.Título. II.Série: A Saga dos
Capelinos.

CDD   133.9   CDU 133,7
         232   232

Prólogo
Capela – 3.700 a.C.

A estrela de Capela fica distante 42 anos-luz da Terra, na constelação do Cocheiro, também chamada de Cabra. Esta bela e gigantesca estrela faz parte da Via Láctea, galáxia que nos abriga. A distância colossal entre Capela e o nosso Sol é apenas um pequeno salto nas dimensões grandiosas do universo. Nossa galáxia faz parte de um grupo local de vinte e poucos aglomerados fantásticos de cem a duzentos bilhões de estrelas, entre as quais o Sol é apenas um pequeno ponto a iluminar o céu. Capela é uma bela estrela, cerca de quatorze vezes maior do que o Sol, com uma emanação de calor levemente abaixo da de nosso astro-rei. É uma estrela dupla, ou seja, são dois sóis, de tamanhos diversos, que gravitam um em torno do outro, formando uma unidade, e, em volta deles, num verdadeiro balé estelar, um cortejo constituído de inúmeros planetas, luas, cometas e asteróides.

Há cerca de 3.700 a.C., num dos planetas que gravitam em torno da estrela dupla Capela, existia uma humanidade muito parecida com a terrestre, à qual pertencemos atualmente, apresentando notável padrão de evolução tecnológica. Naquela épo-

6 | A Saga dos Capelinos

ca, Ahtilantê, nome desse planeta, o quinto a partir de Capela, estava numa posição social e econômica global muito parecida com a da Terra do século XX d.C. A humanidade que lá existia apresentava graus de evolução espiritual extremamente heterogêneos, similares aos terrestres do final do século XX, com pessoas desejando o aperfeiçoamento do orbe enquanto outras apenas anelavam seu próprio bem-estar.

Os governadores espirituais do planeta, espíritos que tinham alcançado um grau extraordinário de evolução, constataram que Ahtilantê teria que passar por um extenso expurgo espiritual. Deveriam ser retiradas do planeta, espiritualmente, as almas que não tivessem alcançado um determinado grau de evolução. Elas seriam levadas para outro orbe, deslocando-se através do mundo astral, onde continuariam sua evolução espiritual, pelo processo natural dos renascimentos. No decorrer desse longo processo, que iria durar cerca de oitenta e quatro anos, haveria novas chances de evolução aos espíritos, tanto aos que já estavam jungidos à carne, como aos que estavam no astral – dimensão espiritual mais próxima da material – por meio das magníficas oportunidades do renascimento. Aqueles que demonstrassem endurecimento em suas atitudes negativas perante a humanidade ahtilante seriam retirados, gradativamente, à medida que fossem falecendo fisicamente, para um outro planeta que lhes seria mais propício, para que continuassem sua evolução num plano mais adequado aos seus pendores ainda primitivos e egoísticos.

A última existência em Ahtilantê era, portanto, vital, pois ela demonstraria, pelas atitudes e atos, se o espírito estava pronto para novos voos, ou se teria que passar pela dura provação do recomeço em planeta ainda atrasado. A última existência, sendo a resultante de todas as anteriores, demonstraria se a alma havia alcançado um padrão vibratório suficiente para permanecer num mundo mais evoluído, ou se teria que ser expurgada.

Os governadores espirituais do planeta escolheram para coordenar esse vasto processo um espírito do astral superior chamado Varuna Mandrekhan, que formou uma equipe atuante em muitos setores para apoiá-lo em suas atividades. Um planejamento detalhado foi encetado de tal forma que pudesse abranger de maneira correta todos os aspectos envolvidos nessa grave questão. Diversas visitas ao planeta que abrigaria parte da humanidade de Ahtilantê foram feitas e, em conjunto com os administradores espirituais desse mundo, o expurgo foi adequadamente preparado.

Ahtilantê era um planeta com mais de seis bilhões de habitantes e, além dos que estavam renascidos, ainda existiam mais alguns bilhões de almas em estado de erraticidade. O grande expurgo abrangeria todos, tanto os renascidos como os que estavam no astral inferior, especialmente, aqueles mergulhados nas mais densas trevas. Faziam também parte dos candidatos ao degredo os espíritos profundamente desajustados, além dos assassinos enlouquecidos, os suicidas, os corruptos, os depravados e uma corja imensa de elementos perniciosos.

Varuna, espírito nobilíssimo, que fora político e banqueiro em sua última existência carnal, destacara-se por méritos próprios em todas as suas atividades profissionais e pessoais, tendo sido correto, justo e íntegro. Adquirira tamanho peso moral na vida política do planeta, que era respeitado por todos, inclusive seus inimigos políticos e adversários em geral. Este belo ser, forjado no cadinho das experiências, fora brutalmente assassinado por ordem de um déspota que se apossara do império Hurukyan, um dos maiores daquele mundo.

Ahtilantê era um planeta muito maior do que a Terra e apresentava algumas características bem diferentes das do nosso atual lar. Sua gravidade era bem menor, sua humanidade não era mamífera, mas oriunda dos grandes répteis que predominaram na pré-história ahtilante. A atmosfera de Ahtilantê era bem mais dulcificante do que a agreste e cambiante atmosfera terres-

8 | A Saga dos Capelinos

tre. Tratava-se de um verdadeiro paraíso, um jardim planetário, complementado por uma elevada tecnologia.

As grandes distâncias eram percorridas por vimanas, aparelhos similares aos nossos aviões, e a telecomunicação avançadíssima permitia contatos tridimensionais em videofones com quase todos os quadrantes do planeta, além de outras invenções fantásticas, especialmente na área da medicina. Os ahtilantes estavam bastante adiantados em termos de viagens espaciais, já tendo colonizado as suas duas luas. Porém, essas viagens ainda estavam na alvorada dos grandes deslocamentos que outras civilizações mais adiantadas, como as de Karion, já eram capazes de realizar.

Karion era um planeta do outro lado da Via Láctea, de onde viria, espiritualmente, uma leva de grandes obreiros que em muito ajudariam Varuna em sua árdua missão. Todavia, espiritualmente, os ahtilantes ficavam muito a desejar. Apresentavam as deficiências comuns à humanidade da categoria média em que se encaixam os seres humanos que superaram as fases preliminares, sem ainda alcançarem as luzes da fraternidade plena.

Havia basicamente quatro raças em Ahtilantê: os azuis, os verdes, os púrpuras e os cinzas. Os azuis e verdes eram profundamente racistas, não tolerando miscigenação entre eles; acreditavam que os cinzas eram de origem inferior, podendo ser utilizados da forma como desejassem. Naquela época, a escravidão já não existia, mas uma forma hedionda de servilismo econômico persistia entre as nações. Por mais que os profetas ahtilantes tivessem enaltecido a origem única de todos os espíritos no seio do Senhor, nosso Pai Amantíssimo, os ahtilantes ainda continuavam a acreditar que a cor da pele, a posição social e o nome ilustre de uma família eram corolários inseparáveis para a superioridade de alguém.

Varuna fora o responsável direto pela criação da Confederação Norte-Ocidental, que veio a gerar novas formas de relacionamento entre os países-membros e as demais nações do globo. A cultura longamente enraizada, originária dos condalinos, raça espiritual que serviu de base para o progresso de Ahtilantê, tinha uma influência decisiva sobre todos. Os governadores espirituais aproveitaram todas as ondas de choque: físicas, como guerras, revoluções e massacres; culturais, como peças teatrais, cinema e livros; e, finalmente, telúricas como catástrofes que levassem as pessoas a modificarem sua forma de agir, de pensar e de ser. Aqueles, cujo sofrimento dos outros e os seus próprios não os levaram a mudanças interiores sérias, foram deportados para um distante planeta azul, que os espíritos administradores daquele jardim ainda selvático chamavam de Terra.

Esse processo, envolvendo quase quarenta milhões de espíritos degredados, que foram trazidos à Terra por volta de 3.700 a.C., foi coordenado por Varuna Mandrekhan e sua equipe multissetorial. Os principais elementos de seu grupo foram: Uriel, uma médica especializada em psiquiatria, a segunda em comando; Gerbrandom, uma alma pura que atingira a maioridade espiritual em outro planeta e viera ajudar no degredo em Ahtilantê; e Vartraghan, chefe dos guardiões astrais que, em grande número, vieram ajudar Varuna a trazer os degredados. Além desses personagens, havia Radzyel, Sandalphon, Sraosa e sua mulher Mkara, espíritos que muito ajudariam os capelinos, e também a belíssima figura de Lachmey, espírito do mundo mental de Karion, que, mais tarde, rebatizada como Phannuil, seria o espírito feminino mais importante para a evolução da Terra, coordenando vastas falanges de obreiros em permanente labuta para a consecução dos desígnios dos administradores espirituais.

Os capelinos foram trazidos em levas que variavam de vinte mil a mais de duzentas mil almas. Vinham em grandes transportadores astrais que venciam facilmente as grandes distâncias siderais, comandados por espíritos especialistas, sob a direção segura e amorosa dos administradores espirituais.

A Terra, naquele tempo, era ocupada por uma plêiade de espíritos primitivos, que serão sempre denominados de terrestres para diferenciá-los dos capelinos, que vieram degredados para aqui evo-

10 | A Saga dos Capelinos

luírem e fazerem evoluir. Uma das funções dos capelinos, aqui na Terra, era serem aceleradores evolutivos, especialmente no terreno social e técnico. Mesmo sendo a escória de Ahtilantê, eles estavam à frente dos terrestres em termos de inteligência, aptidão social e intelectual e, naturalmente, sagacidade. Os terrestres, ainda muito embrutecidos, ingênuos e apegados aos rituais tradicionais, que passavam de pai para filho, pouco ou nada criavam de novo. Cada geração repetia o que a anterior lhe ensinara, de forma muito similar à que vemos entre nossos silvícolas que repetem seus modos de vida há milhares de anos, sem nenhuma alteração.

Havia, entre os exilados, um grupo de espíritos intitulados, em Ahtilantê, de 'alambaques', ou seja, 'dragões'. Esses espíritos, muitos deles brilhantes e de inteligência arguta e afiada, eram vítimas de sua própria atitude negativa perante a existência, preferindo ser críticos a atores da vida. Muitos deles se julgavam injustiçados quando em vida e, por causa disso, aferravam-se em atitudes demoníacas. Esses alambaques tinham desenvolvido uma sociedade de desregramentos e abusos, e eram utilizados pela justiça divina como elementos conscientizadores dos seres que cometiam atos cujo grau de vilania seria impossível descrever.

Essa súcia, todavia, era filha do Altíssimo e, mesmo candidata à deportação, deveria ser a artífice do exílio. Como eles dominavam vastas legiões de espíritos embrutecidos na prática do mal, era-lhes mais fácil comandá-los do que aos guardiões astrais, que não existiam em número suficiente para uma expedição expiatória dessa envergadura. Por causa disso, Varuna e seu guardião-mor, Vartraghan, foram até as mais densas trevas, numa viagem inesquecível, para convidar os poderosos alambaques a unirem-se a eles e ajudarem as forças da evolução e da luz triunfarem.

Varuna, por sua atitude de desprendimento, de amor ao próximo e de integridade e justiça, foi acolhido, após algum tempo, pela maioria dos alambaques como o grande mago, o Mykael, nome que passaria a adotar como forma de demonstrar a renovação que

Os Patriarcas de Yahveh | 11

ele mesmo se impôs ao vir para a Terra. A grande missão de Mykael era não apenas a de trazer as quase quarenta milhões de almas
capelinas para o exílio, mas, também e fundamentalmente, levá-
-las de volta ao caminho do Senhor totalmente redimidas.

Na grande renovação que Varuna e Lachmey promoveram,
muitos foram os que trocaram de nome para esquecerem Ahtilantê
e se concentrarem no presente, na Terra. Varuna tornou-se Mykael, o arcanjo dominador dos dragões. Lachmey passou a se chamar Phannuil, a face de Deus. Gerbrandom, Raphael; Vartraghan,
também conhecido entre os seus guardiões como Indra, tornou-se
Kabryel, o arcanjo; Vayu, seu lugar-tenente, passou a se intitular
Samael, que foi muitas vezes confundido com o mítico Lúcifer, o
portador do archote, o carregador da luz.

O início da grande operação de redenção na Terra aconteceu na
Suméria, quando Nimrud, espírito capelino renascido, conseguiu,
entre atos terríveis e maldades tétricas, implantar a primeira civilização em Uruck. Os alambaques, entretanto, que tinham a missão
não só de trazer os degredados, como também de guiá-los; estavam excessivamente soltos, o que faria com que Mykael ordenasse
a alteração dos padrões de comportamento dos dragões para não
só fazê-los guias de lobos – chefes de matilhas –, como também
modificarem seu íntimo para se tornarem cordeiros de Deus.

Ficou estabelecido que a Suméria seria o local onde começa-
riam a execução do projeto, devido às enormes facilidades para se
desenvolver uma sociedade onde a agricultura seria a pedra an-
gular, devido ao fértil vale criado pelo transbordamento dos dois
rios irmãos, o Tigre e o Eufrates. Outros locais também foram pro-
gramados de forma que a vinda dos capelinos influenciasse várias
regiões do globo, tais como a Europa, inicialmente entre os celtas;
a Índia, no vale do Hindu; posteriormente, outros povos indo-europeus; e, no Extremo Oriente, a Tailândia e a China.

Uma das regiões que se tornariam de suma importância para o
desenvolvimento da cultura, tecnologia e civilização mundiais se-

12 | A Saga dos Capelinos

ria a compreendida pelo Egito, outro local que fora escolhido para a imersão na matéria dos espíritos capelinos. Seriam nessas longínquas plagas que essas almas conturbadas estabeleceriam uma civilização monumental, de proporções absolutamente grandiosas.

Por volta de 3.600 a. C., os espíritos superiores determinaram que os alambaques levassem para aquelas plagas, com o intuito de desenvolver o Kemet, vários grupos de sumérios. Alguns desses grupos foram dizimados pelo caminho, e outros foram desviados, indo parar em outros lugares. No entanto, três deles chegaram ao vale do Iterou e implantaram, gradativamente, sem violência ou conquistas sangrentas, a civilização. Um dos grupos se localizou em Ahmar, perto de onde hoje é a cidade do Cairo. Os outros dois se instalaram no sul, vindo a fundar Nubt, conhecido hoje como Naqada.

Durante um largo período de tempo, conhecido como a era dos deuses, os capelinos implementaram alterações estruturais, tecnológicas e, sobretudo, culturais que, fundindo-se com os milenares e primitivos costumes hamitas, vieram a constituir a famosa civilização egípcia. O grupo de Ahmar fundou as cidades de Perouadjet, também conhecida como Buto, e Zau, conhecida como Saís. Enquanto isso, no sul, os dois grupos fundidos de sumérios fundariam a cidade de Ouaset, também conhecida pelo nome grego de Tebas.

Muitos dos capelinos degredados tornaram-se famosos pelos seus atos, que viraram lendas dessa época. Um deles foi Aha Harakty, mais conhecido como Rá ou Ré, e seu pai Ptah, que se tornou famoso pelas suas obras de contenção e desvio do rio Nilo. Além deles, outros capelinos degredados tornaram-se conhecidos como deuses da antiguidade, entre eles Amon, o lugar-tenente de Rá. No entanto, ninguém se tornou mais conhecido e amado pelo povo do Kemet do que Osíris.

Ele foi rei do Kemet e, durante sua profícua administração, o povo pobre e abandonado, que compunha a classe dos felás, teve a oportunidade de ter um pedaço de terra para cultivar, além de receber subsídios, ensinamentos e investimentos na primeira grande reforma agrária do mundo. Era um capelino que viera em missão sacrificial junto a sua eleita do coração, que se tornaria a sua esposa e rainha, conhecida como Ísis. O amor desses dois seres seria conhecido no mundo inteiro pela lenda de Osíris e Ísis. Entretanto, esta bela história de amor terminou tragicamente devido à vilania do meio-irmão, Seth, o terrível, que, na tentativa de assassinar Osíris, levou-o à tetraplegia, após um golpe desfechado na nuca. Seth, sob a influência de uma alambaque chamado Garusthê-Etak, e seu braço-direito Aker tumultuariam o reinado com uma guerra civil sangrenta, que terminou por esfacelar o Kemet em três reinos, dois no delta, região chamada de Baixo Egito, com capitais em Perouadjet e Djedu, e um no Alto Egito, com capital em Téni.

Os administradores espirituais determinaram que o Kemet seria coordenado por Kabryel e que os alambaques teriam papel preponderante no desenvolvimento daquela civilização. Assim, com muitas lutas, marchas e contramarchas, a cultura foi implantada no Kemet. Muitos capelinos renasceriam ali e se tornariam deuses, como Rá, Ptah, Sakhmet, Tefnu e Osíris, este último o mais doce dos seres daquela conturbada era dos deuses. Após terríveis momentos de guerra fratricida, o Kemet foi desmembrado e se tornou as Duas Terras.

Seria preciso que aparecessem heróis truculentos como Zékhen, o rei Escorpião, e Nârmer, seu filho e sucessor, para unificarem novamente aquilo que, Tajupartak, ex-alambaque, na existência que fora conhecido como Aha, unira. Aventuras repletas de guerras, combates, traições e ardis, finalmente, levaram à união do Kemet – o Egito – numa grande nação de monumentos tão portentosos que nem o tempo foi capaz de destruir.

Os espíritos superiores tinham, entretanto, outros planos para implementarem a civilização na Terra, e isso seria feito por meio de grandes migrações.

Prefácio
Terra, 1.850 a.C.
Limites do Mundo Mental
Com o Astral Superior

Mitraton e Mykael estavam confabulando com uma equipe vasta, composta de mais de uma centena de coordenadores. Eles haviam recebido instruções de seus superiores, os administradores do globo, para alterarem a face da Terra.

– Realmente nossos superiores têm razão. Há uma excessiva concentração de civilizações que se desenvolveram com pouco ou nenhum contato entre si.

O comentário de Mitraton retratava uma dura realidade. Havia centenas de anos que capelinos e terrestres estavam renascendo e se mesclando; no entanto, cada civilização estava relativamente circunscrita em seus próprios arcabouços e tradições, fechada em suas carapaças.

Raphael, o magnífico Gerbrandom, comandante de extensas falanges de obreiros do mundo astral, coordenador da evolução das tribos indo-europeias das planícies eurasiáticas, conhecido entre eles como Surya, complementou os dizeres de Mitraton.

16 | A Saga dos Capelinos

– Realmente, temos que misturar as várias civilizações num cadinho social, para que elas se tornem culturalmente mais fortes.

– Isto sem falar na necessidade de mesclarmos esses diversos grupo étnicos para aproveitarmos a riqueza genética das populações melhores adaptadas ao planeta.

O comentário de Mykael era válido, pois a miscigenação frequentemente trazia grandes vantagens na adaptação dos grupos aos novos habitats.

– A única solução será fazer os grupos se movimentarem, saírem de suas regiões e irem para outras localidades, onde poderão conviver com outros povos. Assim, teremos miscigenação tanto genética como cultural.

A bela Phannuil, que fizera o último comentário, sabia o que isto significava, porque logo complementou o assunto:

– No entanto, isto significa falar de invasões, mortandade, crimes e guerras.

Mitraton, avesso como todos à violência, concordou com o fato.

– Realmente, mestra Phannuil tem razão. As migrações trarão um cadinho cultural e físico que fundirá diversas civilizações, mas também trarão violência. No futuro, poderemos conseguir esta mesma mescla recorrendo aos meios de comunicação e à migração pacífica, mas agora estamos lidando com personalidades bugres, selvagens e chauvinistas.

Mykael comentou:

– Realmente. Os ahtilantes continuam, na maioria dos casos, ainda extremamente violentos e degenerados; e, para complicar ainda mais nossa conturbada sociedade, os espíritos terrestres começam a seguir os mesmos caminhos de crime, desvario e ignomínia. Creio que chegamos a um dos pontos mais baixos da civilização. Por essas razões, precisamos, infelizmente, de mudanças que virão pelo sofrimento e pela dor, pois só eles acordam o imprevidente.

Este diálogo era ouvido por centenas de chefes de obreiros e de guardiões. Neste instante, Mitraton, dirigindo-se para a plateia de coordenadores, mostrou os diversos povos que deviam sofrer modificações com a migração de outros povos. Para tal, ele usava uma imensa tela que reproduzia o mapa do mundo, num efeito obtido pela projeção de sua imagem mental.

Os nômades das estepes eurasiáticas deviam migrar para o subcontinente indiano. Outras tribos das estepes deslocar-se-iam em direção ao planalto do Irã, o que iria provocar, em sua passagem, a migração forçada de outros povos, que, por sua vez, iriam influenciar diversas áreas. Na Europa, outras tribos deveriam se deslocar para vários lugares, dando origem a uma miscigenação necessária para a fusão das culturas e das raças.

Os fatos deviam, no entanto, ser provocados. Esta era a constatação de Mykael.

– Para que isto aconteça será necessária uma série de ações conjuntas. Os povos nômades situados nas estepes eurasiáticas devem ser forçados a sair de seus habitats. Eles não sairão de bom grado, já que estão acostumados com sua forma de viver.

– Bem dito, caro Mykael. Teremos que provocar fatos que os façam sair de seus costumes e que os levem para outras paragens. Para tal, será necessário o concurso de nossos obreiros. Temos que levar a seca para as extensas pradarias da Eurásia. Com isso, eles terão que procurar outros sítios para viverem e os conduziremos para ocuparem lugares onde poderão prosperar.

Mitraton havia exposto a linha básica de ação. Mykael, sempre avesso à violência, complementou:

– Isto não significa dizer que estas migrações devam ser violentas. Muitos desses povos poderão conviver pacificamente com outras civilizações existentes e coabitar as terras férteis, consolidando amizades, estabelecendo fraternas alianças e fundindo-se para constituírem novas sociedades.

Mykael não era um espírito romântico que se deixava levar pelas vibrações do coração. O que ele informava aos obreiros é que era possível que povos diferentes convivessem em paz. A guerra

18 | A Saga dos Capelinos

era a última das soluções, mas, no atual estágio da evolução humana, seria o corolário dessas migrações forçadas.

Foram estabelecidas, durante o grande concílio angélico, diversas diretivas que viriam a culminar, no decorrer dos séculos, com a invasão dos arianos à Índia, a conquista do Egito pelos hicsos e grandes movimentos na Europa que conduziriam os gregos ao ápice da civilização e, depois deles, os romanos.

Na Mesoamérica, os movimentos de povos americanos iriam culminar com as civilizações aztecas, toltecas, incas e outras, que construiriam templos magníficos e pirâmides colossais. A maioria dos líderes desse agrupamento era constituída de capelinos renitentes. Muitos alambaques foram aprisionados e levados à força para renascimentos reparadores. Lá, eles iriam estabelecer características da distante Ahtilantê.

Naqueles tempos remotos, os capelinos e os terrestres haviam alcançado um tal grau de envolvimento que já não era possível diferenciar quem era quem. Os ahtilantes haviam se dividido em dois grupos: o primeiro era constituído pela corrente de Abel, aqueles que superaram suas deficiências e puderam voltar para Ahtilantê com os louros dos vitoriosos. O segundo grupo era chamado pelos espíritos superiores de corrente de Set, constituída pelos espíritos trevosos que não evoluíram o suficiente e, por isto, tiveram que ser confinados à Terra. Este grupo havia se mesclado com espíritos terrestres, que aprenderam os piores vícios, as mais maléficas atitudes perante a vida e, agora, eram tão terríveis quanto os próprios alambaques.

Capítulo 1
Cidade de Ur – Mesopotâmia
1.820 a.C.

A cidade de Ur era cercada por dois amplos canais que se uniam a um terceiro que desembocava no rio Eufrates, situado a cerca de oito quilômetros de distância. Saindo de um dos canais que rodeava a cidade, um outro canal a atravessava, indo desembocar num lago artificial que formava um porto fluvial. Neste local, muitos navios – grandes para a época – estavam atracados. A cidade, totalmente cercada por altas muralhas, tinha ruas estreitas, tortuosas e sujas que davam para uma praça central, onde um gigantesco zigurate – templo em forma de pirâmide – dominava o local.

Na planície que cercava Ur, o templo ao deus da lua, Nanna, podia ser visto a quilômetros de distância. As casas, feitas de tijolos de barro cozido em fornos, de cor levemente ocre, determinavam uma certa monotonia geral.

Os elamitas, tantas vezes dominados pelos sumérios, desta vez, atacaram Sumer com um exército muito bem montado e articulado. Destruíram Ur e mataram o rei Ur-Nammu. Depois disso, abandonaram a área, satisfeitos em terem apenas aniquilado aqueles que os tinham vilipendiado no passado.

20 | A SAGA DOS CAPELINOS

Poucos anos depois, os amoritas foram chegando. Eram semitas, pastores provenientes dos desertos da Arábia. Instalaram-se na região da Babilônia e ocuparam a região norte de Sumer, com seus rebanhos de carneiros e bois. Eram tribos que haviam crescido e não encontraram mais ambiente adequado para alimentarem seus rebanhos e sua população. Deslocaram-se devido à aridez excessiva da terra e, ao encontrarem uma região devastada por guerras fratricidas, eles se instalaram em terreno propício e se fortaleceram. Após alguns anos, tomaram a Babilônia – cidade de Deus – pelo uso da força. Com essa base sólida, partiram para a conquista de toda a região e se tornaram conhecidos como os babilônios.

O sexto rei amorita, Hamurabi, foi um grande conquistador. Por volta de 1.800 a.C., os babilônios dominaram pelas armas toda a Suméria, inclusive a cidade de Ur. Esse monarca notabilizou-se também por ter mandado escrever numa estela uma série de leis que passaram para a história como o código de Hamurabi.

Alguns anos antes de Hamurabi tornar-se rei, ainda no tempo de seu pai, Amarpal, em Ur, existia um povo nômade, da mesma raiz racial dos amoritas, conhecido como caldeu. Em torno da grande Ur, já não tão imponente e importante como em época anterior, havia uma série de aglomerados nômades, quase todos de pastores de carneiros e de alguns bovinos. A maioria pertencia à mesma família, formando pequenas greis. Um desses clãs era conhecido como Tareh, devido ao nome do seu líder.

Tareh era um pastor de ovelhas e cabras, na região de Ur. Ele tinha três filhos: Arão, Nacor e Sarug. Além deles, havia mais de dez filhas. Fora casado com cinco mulheres que lhe deram mais de quinze filhos, mas nem todos sobreviveram. Arão era o mais velho de todos, seguido de Nacor, e, finalmente, Sarug, entremeados de irmãs das mais variadas procedências maternas. Arão, Nacor e Sarug eram filhos de mães diferentes e existia uma diferença de cinco anos entre eles.

Tareh atendia ao grande zigurate de Ur, construído em homenagem a Nanna, o deus da lua, com suas ovelhas, que eram com-

Os Patriarcas de Yahveh | 21

pradas pela população local para os sacrifícios aos deuses. Havia um mercado perto do templo onde se podiam comprar animais e muitos outros objetos para serem doados no templo. Tareh, assim como seu pai e avô, vendia suas ovelhas no templo. Havia também as compras normais que os habitantes de Ur faziam para consumo próprio. Os negócios eram rentáveis e funcionavam bem.

Naqueles tempos, os amoritas ainda não haviam tomado toda a região. Eles faziam reides, tanto ao sul como ao leste da Babilônia, que os fortalecia, para em poucos anos, invadirem a Suméria e dominá-la. A cidade de Ur foi escolhida para uma dessas incursões, em que os soldados não chegavam a atacar os locais, mas, com brutalidade e grande rudeza, exigiam polpudos pagamentos. Não pouparam ninguém e todos tiveram que pagar algum tipo de contribuição aos cofres amoritas. Tareh e seus filhos foram incluídos e pagaram com ovelhas e cabras o que lhes era devido. Tareh fora cuidadoso, escondendo grande parte da manada no deserto próximo. Com isso, tiraram-lhe somente a metade do que estava visível.

Tareh e seus filhos tinham aspecto oriental, bem diferente dos sumérios. Na realidade, pertenciam a uma tribo caldeia, um dos muitos grupos semíticos de então. Esses povos eram nômades e viviam do pastoreio. Eles haviam se infiltrado lentamente na Suméria durante séculos. Vinham dos desertos vizinhos ou do norte, sendo aceitos por serem pacíficos e ordeiros.

Uns quinhentos anos antes, ancestrais de Tareh tinham vindo com Sharuken, mais conhecido no Ocidente como Sargão, o Grande. Eram, portanto, semitas do mesmo grupo racial dos amoritas, tendo parecença física com estes últimos, inclusive no vestuário e na língua.

Os sumérios, assim como os kemetenses, eram basicamente agrícolas; portanto, suas criações tinham aspecto mais doméstico, para uso caseiro. Já as tribos nômades não produziam alimentos outros que não a carne e derivados do seu rebanho. Os sumérios vinham aceitando-os por serem úteis, mas, com a última invasão

22 | A Saga dos Capelinos

amorita, sua fúria virou-se contra todo e qualquer tipo de estrangeiro, especialmente se tivessem os mesmos traços fisionômicos e linguísticos. Era o caso de Tareh e seus filhos.

Na primeira vez em que foram ao mercado, levando parte do seu rebanho para vender, depararam-se com um ambiente deveras hostil. Os sumérios, que já tinham sido grandes senhores da região e agora estavam nas mãos dos amoritas, os receberam com acerbas críticas e ameaças. Arão, que nunca tivera papas na língua, começou uma discussão com outro mercador e, quando se deram conta, estavam em sério entrevero.

A luta acabou por atrair várias pessoas que entraram em choque com os pastores de Tareh. A confusão nascera em função do ataque dos amoritas e da acusação dos sumérios de que Tareh, Arão e os demais pastores eram aliados dos babilônios. Como tal, passaram a ser considerados traidores de Ur e espiões da Babilônia. Com a chegada dos guardas do templo, a confusão desfez-se. Todavia, Arão jazia morto, degolado, numa poça de sangue.

O horror estava estampado no rosto do jovem Sarug, que tinha apenas quinze anos. Uma parte do rebanho fora roubado durante a confusão e, para complicar o quadro, um pastor estava gravemente ferido, com parte da testa afundada por um golpe de clava. Estava vivo, mas em estado de coma, vindo a morrer em poucas horas.

O retorno à casa foi melancólico e Sarug foi responsabilizado pelo histérico pai ao ver Arão – o seu dileto filho – morto. Obviamente o rapaz nada podia ter feito. Não passava de um adolescente enquanto seu irmão era um homem feito, de vinte e cinco anos, que já tinha um filho de dez anos chamado Lot. No entanto, a dor pungente ensandece o ser e, num acesso de loucura, Tareh, injustamente, responsabilizou Sarug pela morte de Arão.

Menos de uma semana depois desse fato, o velho homem, arrasado e senil, reuniu a tropa de pastores, seus rebanhos, mulheres, filhos e netos, e partiu para Haran, ao encontro de familiares que pretensamente estariam no norte da Mesopotâmia. Era uma via-

Os Patriarcas de Yahveh | 23

gem de mil e poucos quilômetros que esperavam fazer em duas a três luas.

A viagem foi longa, cansativa e cheia de percalços. Os amoritas levaram, novamente, a metade do rebanho, raptaram uma filha de um dos pastores e mataram a cacetada um outro pastor que se interpôs. Tudo isso foi martirizando o infeliz Tareh, que, de forma irracional e insana, jogava a culpa em Sarug. Passava o tempo inteiro a atacar o filho com palavras ofensivas e lhe impondo pesadas corveias. Sarug aceitava muito mal tais acusações e mantinha com o pai um relacionamento tenso e nocivo. Nacor, agora guindado a irmão mais velho com a morte de Arão, omitia-se, e, providencialmente, colocava-se o mais longe das vistas paternas. Finalmente, chegaram a Haran com duas mil e poucas cabeças variegadas de rebanho e trinta e poucas famílias de pastores, filhos e filhas de Tareh.

Haran era uma cidade de vinte mil pessoas, situada a algumas centenas de quilômetros dos montes Taurus. Tareh encontrou filhos de um dos seus irmãos, que havia migrado para aquelas plagas há mais de trinta anos. Em pouco tempo, as colinas suaves em volta de Haran apascentaram o rebanho de Tareh.

Durante o período em que estivera em Ur, até os quinze anos de idade, Sarug fora um rapaz taciturno e meditativo. Era um excelente trabalhador, mas não se misturava com os demais. Observava mais do que falava. No fundo do seu ser, detestava a existência pacata de pastor. Como todo ser humano, era contraditório. Odiava os ricos, mas invejava seu modo de vida. Achava que apascentar ovelhas e afastar chacais era uma atividade subalterna e que ele, sobranceiro, tinha vindo ao mundo com propósitos mais nobres. Nos campos, enquanto seu olhar atento não perdia de vista nenhuma ovelha, sonhava com situações de riqueza e, especialmente, de poder, que colocassem os reis e os nobres aos seus pés. Inteligente como era, sabia que era preciso mais do que simples vontade; era forçoso ter um plano para tornar-se rico e importante.

24 | A Saga dos Capelinos

O destino, sempre essa abstração, teceu suas emaranhadas teias em torno do jovem Sarug. Com a morte do irmão, o jovem deslocou-se para Haran, sendo fustigado pela insânia do pai, que o culpava pela morte de Arão. Assim, foi-se tornando cada vez mais agressivo. O garoto quieto foi substituído pelo jovem hostil e descontente que arguía com o pai e enchia a tenda de Tareh de gritos e impropérios. Não baixava a cerviz às acusações destemperadas que o pai lhe fazia, nem tanto mais sobre a morte de Arão – já que esse assunto nunca era mencionado para não perturbar o espírito do morto –, mas sobre uma centena de coisas minúsculas que Tareh sempre encontrava para achincalhar o filho. Sarug, entretanto, ao reagir com altivez, ia adquirindo o respeito do pai.

Situação estranha! O pai amava o filho, mas implicava com ele pelas menores coisas. Reconhecia nele uma força que os demais não tinham. "Provavelmente", pensava ele, "se ficar junto com o irmão Nacor, ele o dominará com seu gênio irascível e, se não o matar, deverá transformá-lo em seu serviçal". Por sua vez, Sarug amava o pai e irritava-se com sua perseguição. Aos poucos, foi notando que a implicância do pai era sempre voltada para alguma deficiência que ele efetivamente tinha. Com seu jeito rude, o pai o estava preparando para ser melhor e maior do que os demais. Desta forma, pai e filho, amando-se, iam vivendo às turras.

Haran, no noroeste da Suméria, era uma cidade bastante cosmopolita. Mesmo sendo pequena, nela conviviam bem, sem maiores atritos, povos de raças diferentes, que, aos poucos, mesclaram-se, formando agrupamentos humanos inextricáveis. Havia os amoritas e os acadianos, ambos de raiz semítica, e os hurritas, indo-europeus que tinham vindo do Cáucaso, após serem expulsos de suas terras pelos hititas, e se espalharam por toda a região do Oriente.

Sarug admirava os guerreiros. Gostava de ver como os ricos os tratavam bem. Os poderosos dependiam deles e todos os grandes reis, até aquela época, eram bravos guerreadores. Fez amizade com alguns soldados hurritas que eram exímios combatentes e apren-

Os Patriarcas de Yahveh | 25

deu com eles técnicas de esgrima. Escutava atentamente as histórias de combates, o que viria a ser importante no decurso da vida do jovem pastor. Os hurritas eram lutadores valorosos, que sabiam atrair o inimigo para uma emboscada e não lutavam apenas de frente. Sabiam contornar o adversário, atraindo-o para um bolsão, e flechá-lo até a morte. Suas táticas de combate eram infalíveis e os faziam ser os mais renomados guerreiros da região.

Naquele lugar tranquilo, onde raças estranhas se confraternizavam sem alarde, existia um deus da guerra e da vingança, poderoso e ciumento, cruel e terrível, cuja sanha e façanha eram cantadas e decantadas, que os habitantes locais, independentes de serem amoritas, acadianos ou hurritas, chamavam de Yahveh. Ele era um deus militar, que se expressava nos trovões, nas lutas, nas emboscadas e na dor, visto que era implacável com seus opositores e benevolente com seus adoradores.

Nas fogueiras acadianas, à noite, enquanto contavam-se histórias picantes e licenciosas, vez por outra, falava-se dos deuses, especialmente de suas aventuras, seus amores e suas libertinagens com as filhas dos homens. Naquela noite especial, após mais um sério entrevero com o pai, Sarug, com o espírito fervendo de rancor e ódio, reuniu-se com seus amigos hurritas, numa das muitas fogueiras acesas para espantar o frio cortante do inverno. Ele escutou todas as diabruras dos homens e deuses com certo desprezo, até que, num momento quase mágico, alguém pronunciou, reverentemente, o nome de Yahveh. Tinham apenas falado de mais uma estripulia sexual de algum deus, quando um dos presentes, meio risonho, quase debochado e meio sério, disse:

– Com Yahveh nunca. Ele jamais faria isso.

Todos ficaram subitamente calados. Yahveh era por demais cruel, insensível e severo para que se pudesse brincar com ele. Era um feitor sem coração, mas que na guerra era insuperável. O súbito silêncio chamou a atenção de Sarug. "Quem é este deus a quem todos se calam em respeito?" Não era respeito, mas temor.

26 | A Saga dos Capelinos

Todos tinham medo de Yahveh, pois ele representava a guerra, a luta, o indizível sofrimento: as pernas cortadas, as mãos decepadas e os olhos vazados.

Logo a conversa retomou o ímpeto anterior. Falaram de outros deuses e, com os olhares fesceninos, cada um contava suas próprias aventuras libidinosas. Sarug acercou-se do guerreiro que falara em Yahveh e pediu-lhe mais detalhes daquele ignoto deus que tanto fizera tremer a audiência. O velho lutador hurrita, ao encontrar um atento ouvinte, passou a contar-lhe as aventuras de Yahveh, misturando-a com as histórias de Sharuken, o acadiano.

O guerreiro contou-lhe, durante duas horas, como Sharuken, um homem inteligente e astucioso, foi morar em Uruck e Lagash, saído de sua terra natal, a lendária cidade de Agadê, na média Mesopotâmia, no lado ocidental do Eufrates. Narrou-lhe com riqueza de detalhes como Sharuken infiltrou-se em Uruck e aprendeu as técnicas guerreiras sumérias, além de aprender a ler e contar com grande maestria. Retornando a Agadê, matou o rei local após ter-se empregado como servo do monarca, e tomou o poder. Montou um fortíssimo exército, atacou e dominou toda a região e estendeu seus domínios para outros pontos no Elam, na Síria e nos sopés dos montes Taurus, na Ásia Menor.

O velho guerreiro hurrita contou que foi nessa época que um poderoso deus, Yahveh, comandou a guerra e guiou Sharuken e, posteriormente, Naram-Sin, seu neto, a grandes vitórias. Tal fato não era verdade, pois Sharuken fora guiado por outro deus. Mas, na lenda que o hurrita costurava, todas as mentiras eram válidas para glorificar Yahveh, que era magistral na guerra e ciumento na paz.

Sarug, um rapaz simples, pastor, ainda ingênuo, ficou maravilhado com as aventuras de Sharuken, as lutas, conquistas e, mais do que tudo, o apoio de um deus tão poderoso. Com um deus desse, quem não seria vencedor?

Algumas noites depois, influenciado pelas histórias de Yahveh, ele sonhou com um poderoso touro alado que lhe predizia um

OS PATRIARCAS DE YAHVEH | 27

grande destino. Puro devaneio de adolescente que não se dava com o pai e anelava por poder. O jovem, que mal tinha alcançado os dezesseis anos, acordou sobressaltado e passou a se sentir um novo e invencível homem. No seu modo de ver, ele fora eleito por um poderoso deus guerreiro, e tudo o que fizesse para enaltecer a figura daquela divindade seria bem visto.

A partir daquele dia, Sarug, que sempre fora reservado, tornou--se mais falante e decidido. Esta mudança de atitude levou-o a cuidar melhor dos rebanhos paternos, a comandar com mais vigor e determinação os vários pastores que estavam subordinados a ele e, finalmente, a ser um negociador muito mais hábil e destemido. Se Yahveh estava com ele, quem ficaria contra? Esta atitude determinada, sustentada pela crença cada vez mais forte de que Yahveh o apoiava em todas as decisões, fez de Sarug um homem bem mais corajoso, destemido e audaz.

Por conta disso, a vida tornou-se melhor para Sarug. Os resultados de seus esforços e a maior determinação em conseguir o que queria fizeram com que fosse mais respeitado. Como consequência, no mercado local, em Haran, ele sempre conseguia as melhores negociações. Por outro lado, Sarug via seu crescente sucesso como algo conseguido não pela sua atividade profícua, mas pela atuação de Yahveh. Se ele conseguia dobrar a vontade de um comerciante devido a sua intensa argumentação, obtendo com isso melhores preços e escambos mais interessantes, fora Yahveh o verdadeiro autor da façanha. Interessante concepção humana: ele era humilde o suficiente para achar que só conseguia as coisas porque um deus o beneficiava, mas era suficientemente arrogante para achar que uma divindade iria preocupar-se com ele nos menores detalhes.

O costume determinava que o filho mais velho herdava tudo e que o pai, em vida, daria presentes para os demais, se assim o quisesse. Isso criava situações conflitantes e aflitivas quando o pai morria subitamente sem haver doado, ainda em vida, os seus bens para os filhos menores. Os irmãos acabavam lutando, matando-

28 | A Saga dos Capelinos

-se e, muitas vezes, terminavam escravos de outros grupos que se apossavam de seus bens devido às lutas intestinas do clã.

Tareh, por sua vez, com o passar dos anos, foi vendo que fora injusto com o filho mais moço e que Sarug era até mais digno do que Nacor, um pouco preguiçoso e mulherengo. Mas lei era lei. Se ele destinasse os bens ao filho mais moço, estaria decretando a morte de algum dos dois ou até mesmo a desgraça total da grei. O ideal seria repartir o rebanho ainda enquanto restava-lhe vida e enviar Sarug para outras plagas; não queria os dois juntos; a convivência seria impossível. Sentia que poderia haver traição e morte entre os irmãos; por isso, determinou que Sarug partiria de Haran para as terras de Canaã. Ele ouvira falar por viajantes que era uma terra bela e próspera, que havia sido anexada ao império do Kemet por um grande faraó, Senusret III. Quem reinava, naquela época, era Amenemhet III, e o fazia com proficiência, o que trazia tranquilidade e prosperidade à região. Decidiu também que Lot, filho de seu querido Arão, deveria partir com Sarug. Tareh conhecia bem seu filho Nacor e achava que Lot seria atraiçoado pelo tio. Ao colocá-lo sob a tutela de Sarug, ele tinha certeza de que seus direitos seriam respeitados.

Sarug e seu sobrinho Lot tinham pequena diferença de idade, o que os tornava próximos de dois bons irmãos. Lot, influenciado por Sarug, também havia adotado Yahveh como seu único deus e ambos, especialmente Sarug, não perdiam uma oportunidade de fazer proselitismo. Muitas vezes, esse ardor arrebatado por Yahveh criara dissensões perigosas na clã. Nem todos aceitavam a superioridade de Yahveh sobre os demais deuses e as discussões não raro originavam lutas corporais, nas quais Sarug surrava impediosamente o desafeto. Tareh sempre aparecia na hora certa para apaziguar os ânimos com rudes palavras e bordoadas com seu cajado, o qual, mesmo sendo manejado por um velho enfraquecido, ainda produzia dores nos lombos desavisados. Tareh, cada dia, se convencia de que seria um grave perigo deixar que dois jovens, tão

OS PATRIARCAS DE YAHVEH | 29

cheios de fé e crença num deus perigoso e ciumento como Yahveh, continuassem juntos com Nacor e seu bando de pastores. A morte seria o preço de tal temeridade.

Sarug era tão fervoroso com seu deus que, certo dia, entrou na tenda do pai e destruiu os deuses que estavam sobre o altar de ídolos, dizendo que somente Yahveh devia ser cultuado e não aqueles terubins idiotas. Deixara apenas um, afirmando que aquele era o deus Yahveh. Tareh nunca vira o filho tão enfurecido e, com certo receio daquele ataque súbito de fervor, resolveu ficar quieto enquanto passava a fúria divina de que Sarug parecia estar possuído. O conceito de um deus superior aos demais chamado Yahveh cada vez mais dominava a mente do jovem Sarug.

Aquela cena não passou despercebida ao mundo espiritual. Um guia espiritual havia presenciado o ataque de santa ira do jovem Sarug e comentou com seu superior, quase que em tom jocoso; ele achou extrema graça do ímpeto do moço. O chefe dos guias havia recebido ordens superiores de ficar alerta para personalidades fortes que pudessem se tornar líderes de homens. Era chegada a hora das grandes movimentações e era preciso encontrar fortes lideranças entre os homens renascidos.

Com o relatório do guia ao seu chefe, ele achou que o jovem podia ser um bom candidato. O caminho que a mensagem percorreu foi curto: o chefe dos guias daquele setor falou com Vayu, que comentou com Kabryel. O belo arcanjo comunicou a Mitraton, que era o responsável pelas migrações, que logo convocou o coordenador da região para perscrutar o candidato. Ali podia estar um homem de grande fibra, que se bem conduzido poderia dar grandes frutos.

O responsável da região, que abrangia todo o crescente fértil, era um espírito de elevada estatura, de beleza ímpar, que tinha com Mitraton ligações profundas, tendo ambos vindo de um planeta distante, chamado Tarandat, onde haviam atingido a maioridade espiritual. Ele se chamava Orofiel e era o braço-direito de Mitraton.

30 | A Saga dos Capelinos

Mitraton explanou num átimo a situação, mencionando que Sarug era um adorador fanático de um deus hurrita chamado Yahveh e que os relatos diziam que ele tinha um imenso potencial que podia ser lapidado para a implantação de uma cultura fundamentalmente monoteísta.

Na conversa com Mitraton, Orofiel perguntou, surpreso:

– Então ele é um adorador de Yahveh?

– Tudo indica que sim. Por quê?

– Interessante! Eu conheço o espírito guardião que deu origem ao nome Yahveh. Atualmente, ele não é mais o guardião da região, mas podemos trabalhar o conceito deste deus e utilizá-lo para difundir novas ideias.

– Sem dúvida! Você pode estabelecer um grupo de espíritos que irão supervisionar e guiar o nosso jovem eleito. Devemos traçar um plano de ação para fortalecê-lo e levá-lo ao sucesso, reunindo uma forte tropa de nômades que possam se miscigenar, se multiplicar e criar as condições adequadas para a fundação de vários povos monoteístas.

– Seria interessante que eles pudessem ser levados para o Kemet. Lá existe uma florescente civilização e eles poderiam aprender muita coisa com os kemetenses. Em Haran, ele já está mesclando sua cultura caldeia com os hurritas e mitânios. No Kemet, eles aprenderão outros costumes que ajudarão a formar um novo povo.

– É uma boa ideia. O que mais me agrada neste rapaz – disse Mitraton – é que ele tem devoção a um único deus. Isto irá facilitar em muito a divulgação do conceito do Deus único, com uma cultura mais monoteísta. É mais fácil incutir o monoteísmo a partir do henoteísmo – a crença de que o seu deus é o mais importante, mesmo que você aceite os demais –, do que mudar toda a filosofia de um povo politeísta.

– Assim procederemos, mestre Mitraton. Estabelecerei um grupo de guias que irão se apresentar como a falange de Yahveh e que irão impregnar o jovem de bons exemplos. Poderemos retirar os costumes bárbaros trazidos pelos alambaques, como a matança de crianças e adultos. Com uma nova cultura, implantaremos aspectos salutares e profiláticos para o povo.

– Acho a sua ideia boa. Você pode estabelecer um guia-chefe, mas acho que ele deve ficar sob seu comando direto. A coordenação deste projeto é importante demais para deixar na mão de qualquer um. Você já tem algum candidato?

– Creio já ter o espírito certo para esta missão. Trata-se de Sansavi. Atualmente ele coordena vasta falange de guardiões, além de médicos, obreiros de renascimentos e especialistas em desencarnações.

– Sei de quem se trata. É uma excelente escolha. Desejo que este rapaz possa dar início a uma nova cultura, mas lembre-se de que não devemos depositar todas as nossas esperanças num único ser. Procurem outros para que, se um falhar, o outro o consiga.

– Sim, príncipe Mitraton. Isto continuará a ser feito. Já existem outros candidatos, em vários lugares do orbe. Cada um terá uma missão especial, mas que irá confluir para a constituição de uma única humanidade superior em alguns milênios.

– Sim, meu caro Orofiel, em alguns milênios...

Sansavi era uma bela e imponente figura, com vasta experiência em operações astrais. Viera de Ahtilantê, não como degredado, mas por amor a um filho que caíra em total desgraça. Conseguira recuperar o filho, quee agora fazia parte de sua falange de obreiros e adotara o nome de Sanvi. Eles não desejavam retornar para Ahtilantê enquanto os demais irmãos capelinos não houvessem se regenerado.

Orofiel recrutou-o e, juntos, volitaram até a tenda de Sarug e o observaram, perscrutando-o detidamente. Concluíram que se tratava de um espírito de impressionante força de vontade, mas ainda muito amoral, podendo passar por cima de qualquer um para atingir seus objetivos. Era, portanto, dentro das atuais condições, a pessoa ideal, pois a civilização é feita também de heróis destemidos e egoístas.

32 | A Saga dos Capelinos

– Sansavi, você deve se manifestar ao jovem e tomá-lo sob sua guarda. Ele é um adorador de Yahveh, um deus de guerra e vingança dos hurritas. Você está autorizado pelos nossos superiores a se apresentar como Yahveh e incutir na mente de nosso protegido e de sua descendência, que ajudaremos a ser farta, a ideia de um único deus. Todos os seus obreiros serão batizados de falange de Yahveh, podendo se apresentar como tais em condições especiais que você decidirá.

Dando uma pequena pausa, Orofiel, perguntou:

– Você vê formas de se comunicar com ele?

– Sim, mas, pelo que pude notar, ele me ouvirá melhor pela intuição e em sonhos. Terei que aparecer para ele durante a noite e motivá-lo ainda mais.

– Que seja feito como melhor lhe aprouver.

• • •

Orofiel sabia que, para Sansavi cumprir bem sua missão, era necessário que ele tivesse acesso a todas as informações pertinentes aos dois personagens: Yahveh e Sarug. Contou-lhe com riqueza de detalhes a história dos dois. Iniciou falando-lhe sobre Yahveh e de como ele se tornara um deus para os hurritas.

Cerca de quinhentos anos antes do encontro de Orofiel e Sansavi, Washogan ainda era um guardião astral primitivo, subordinado à falange de Vayu, braço-direito de Indra Vartraghan. Há muito tempo ele havia sido um alambaque da pior qualidade que, no tempo do expurgo, havia alcançado certa projeção como guardião. Ainda era um espírito do astral inferior que estava em vias de regeneração. Se não fosse um obreiro, teria sido expurgado por estar ainda convivendo com as vibrações do astral inferior.

Ele renasceu, na Terra, por quatro vezes, nos últimos mil anos, e seu progresso fora notável. Na última vez em que ele havia tido uma existência física, adquirira experiência e luzes a ponto de gal-

Os Patriarcas de Yahveh | 33

gar para o astral médio. Após recuperar-se de existência difícil, ingressou nas falanges de Vayu, sendo um obreiro do bem. Não era perfeito e apresentava ainda alguns vícios tipicamente humanos. Apreciava o odor da carne fumegante, ficava fascinado em ver um casal fazendo sexo, apreciava de sobejo uma boa luta e vibrava com o sangue a correr de um ferimento, deleitando-se com os odores do álcool e dos incensos. Era um espírito benfazejo, mas ainda primitivo, necessitando de orientação e fiscalização dos espíritos superiores.

Vayu o apreciava pela sua força magnífica e sua disposição em enfrentar a adversidade. Quando os espíritos superiores constataram a necessidade de que deveria haver mutações no orbe terrestre, Vayu, obedecendo a ordens, colocou sob a égide protetora de Washogan uma pequena tribo nômade denominada de goromitas.

Vayu sabia que somente um espírito do jaez de Washogan poderia proteger os goromitas, pois eles estavam no caminho de uma confederação poderosa de tribos indo-europeias, chamadas hititas, que passaria pelas pradarias e iria expulsar todos os que estivessem à sua frente.

Os hititas eram um grupo de homens brancos, pequenos, com cabelos castanho-escuros, grossos, levemente anelados. Os homens tinham a tendência de ficar carecas na na parte da frente da cabeça, aumentando em muito a testa. Eles usavam os cabelos longos, amarrados com uma tira de couro na altura da nuca, o que formava um verdadeiro capacete e os protegia de ataques naquela área. Faziam parte de um grupo de indo-europeus que havia se mudado para o planalto da Anatólia, há mais de seiscentos anos, tendo passado pelo estreito dos Dardanelos, no mar de Mármara. Mantinham com os seus irmãos instalados na Ásia Menor (atual Turquia), um frutuoso comércio.

Naquele tempo, trezentos anos antes do concílio angélico que concluíra pela necessidade dos grandes movimentos migratórios, as estepes estavam secas e tórridas. Por causa disto, os hititas pre-

34 | A Saga dos Capelinos

feriram imigrar e partir para a Anatólia para se reunir com seus irmãos. Só que agora eles estavam indo por um outro caminho, atravessando o Cáucaso em direção a Ásia Menor, ao invés de contornarem o mar Negro e atravessarem o estreito dos Dardanelos. Teriam, para tal, que atravessar o vale do Kuban, no Cáucaso.

No caminho ficavam os goromitas, que, numa fria madrugada das estepes caucasianas, no vale de Kuban, às margens do mar Negro, foram dizimados por uma força mais compacta, disciplinada e guerreira de hititas. Washogan tentara avisá-los, mas a vidente da tribo era por demais velha para que os chefes guerreiros a ouvissem. Quase todos os goromitas foram mortos, tendo escapado apenas alguns poucos homens mais jovens que fugiram para uma pequena ravina. Washogan, extremamente sensibilizado pelo sofrimento daquele grupo, seguiu-o, insuflando-lhe bom ânimo.

Quando o dia renasceu, os poucos homens – uns trinta – se reuniram para decidir o que fazer. Washogan influenciou um dos líderes, chamado de Hurri, a contra-atacar em momento oportuno. Os hititas haviam atacado para tomar mulheres e gado. As mulheres mais jovens e belas estavam vivas, assim como o gado. Para os goromitas, ambos eram considerados as riquezas da tribo.

Washogan influenciou Hurri a seguir o grupo de guerreiros hititas, que marchava na direção das montanhas. Hurri era um capelino de forte caráter e de vontade indômita e, sem consciência de que estava sob o domínio mental de um poderoso espírito, seguiu as recomendações de Washogan.

Os hititas pararam perto das quatro horas da tarde para descansar e comer. Todas as tribos hititas reunidas chegavam ao expressivo número de cem mil pessoas. Washogan sabia que aqueles poucos goromitas não tinham força para destruir mais de dez mil guerreiros bem-armados e treinados. Assim, ele intuiu Hurri a atacar a ala esquerda, mais fraca, constituída de homens jovens, mas inexperientes. Eram eles que estavam protegendo as mulheres e Washogan sabia que não se pode viver sem mulheres.

Os Patriarcas de Yahveh | 35

De noite, quando eles se recolheram, alguns hititas mais jovens foram molestar as mulheres e alguns conseguiram manter um conúbio sexual forçado. Neste instante, sob o comando de Hurri, agora totalmente dominado por Washogan, os goromitas atacaram silenciosamente uma ponta do lado esquerdo do acampamento. Retiraram a maioria das mulheres e abandonaram o gado; o rebanho retardaria em demasia a fuga.

Washogan os fez partir rapidamente por um caminho nas montanhas; as pedras esconderiam o rastro deles. Os goromitas passaram a noite em fuga, andando sob o luar o mais rápido que podiam. Na alvorada, o acampamento hitita ficou em polvorosa quando descobriu os vinte guerreiros mortos e a perda das mulheres. Decidiram partir atrás deles, mas, quando viram que o grupo devia ter mais de meio-dia à frente, decidiram que mandariam um destacamento de cem homens persegui-los, enquanto o restante do grupo seguiria mais lentamente, já que havia mulheres e crianças em grande número.

Os cem homens eram ligeiros, mais do que os goromitas que estavam andando com mulheres e crianças. Washogan havia se deslocado no astral e vira o grupo de hititas marchando a passos rápidos.

Ele volitou, elevando-se a grande altura, e pôde ver para onde os goromitas estavam se deslocando e simultaneamente notar o grupo de hititas, fortes e experientes, andando de modo veloz. Concluiu que em um dia eles os alcançariam. Neste instante, Washogan teve medo. Seus amigos, quase seus filhos, iriam ser trucidados pelos hititas.

De forma quase inconsciente, ele pensou fortemente, sob intensa comoção, e falou alto:

– Ó, meu Deus! Será que nada poderá proteger meus meninos?

Sua mente estava em torvelinho. Ele vibrava de compaixão, quando, subitamente, uma luz forte se fez presente ao seu lado. Washogan assustou-se, mas recuperou logo sua calma, sabendo que um espírito mais evoluído estava se 'materializando' em seu

36 | A Saga dos Capelinos

plano. A luz tomou forma e Washogan pôde ver, com nitidez, Orofiel, um dos belos e poderosos operadores astrais subordinados à falange de Mitraton.

– Salve, Washogan. Sou Orofiel e vim em seu auxílio. Vejo que você está aflito pelas suas crianças.

– Poderoso Orofiel, eu lhe agradeço a ajuda. Diga-me se pode me ajudar a salvá-los?

– Posso e quero ajudá-lo. Sou guardião de segredos poderosos e os hititas poderão ser levados, em confusão, a seguir outra trilha.

– Salve-os, então, ó poderoso Orofiel, e me tornarei seu escravo.

– Eu os salvarei, mas demando outra coisa de você do que simples escravidão.

– Peça o que quiser e eu farei.

Orofiel olhou o espírito ainda primitivo com extremado amor e disse-lhe:

– Lembre-se bem deste dia, nobre Washogan. Você ficará me devendo este favor para ser pago no futuro.

Mudando de tom de voz, Orofiel comandou-o:

– Agora quero que você leve o seu povo para outro lugar. Eles devem passar pelas montanhas e seguir para o oriente, enquanto eu conduzirei os seus inimigos para o ocidente.

– Eu os levarei para onde você determinar.

Orofiel explicou-lhe como chegar ao norte da Mesopotâmia e o que deveria fazer para fortalecer a sua tribo. Eles se separaram e Orofiel cumpriu o que prometera, desviando os hititas para as montanhas Taurus, onde lutaram contra os gutos, enquanto Washogan levava os goromitas, sob a liderança inconteste de Hurri, para o norte da Mesopotâmia.

Hurri havia se tornado o líder daquela pequena tribo e não achou conveniente entrar em choque com os habitantes daquela bela região. O número de seus guerreiros era inexpressivo e seria mais inteligente amalgamar-se com os semitas que viviam naquele belo lugar. Aos poucos, sendo bem aceitos, os hurritas cresceram e se tornaram uma tribo forte. Expandiram-se e aonde iam procuravam se entender com seus vizinhos. Quando eram atacados, lutavam com grande valor e Washogan os liderava com galhardia.

Um belo dia, Washogan resolveu se apresentar à tribo que salvara e foi reconhecido pela primeira vez por uma mulher vidente da tribo, que se assustou imensamente com a visão. Ela contou aos demais e Hurri resolveu matar um terneiro para o espírito para que ele se identificasse.

Washogan recebeu bem a oferenda e se mostrou com toda a sua estranha majestade, com uma armadura brilhante, típica de um grande guerreiro. A mulher, atemorizada, dirigiu-lhe a palavra, perguntando quem ele era. Ele respondeu:

– Eu sou – Yahveh-Washogan, o deus da guerra e da vingança, grande justiceiro e juiz implacável.

A mulher não entendeu tudo, mas compreendeu que ele era um deus da guerra e repetiu palavra por palavra à tribo que, atemorizada, prestou-lhe ainda mais homenagens. Ela o chamou de 'Eu sou', nome excelente para um deus, pois uma divindade não deve ter nome próprio. Washogan disse-lhe que fora ele que os trouxera para aquelas plagas, livrando-os das garras dos hititas, e que os ajudara a se implantarem pacificamente.

Washogan gostou de ser chamado de Yahveh, e assim seria conhecido doravante. Ele passou a ser endeusado junto com outras divindades, sendo temido e adorado. Quando alguém se achava injustiçado clamava por ele, pedindo justiça, e Yahveh, muitas vezes, cego e colérico, destruía o criminoso com doenças terríveis e pragas tenebrosas. Yahveh continuava a se comportar como um alambaque, bebendo o sangue do injusto, secando o corpo do pecador e tornando impotente o fornicador.

Hurri morreu com idade avançada, tendo deixado dois filhos principais que se apartaram. O mais importante e mais forte chamava-se Mitan e levou seu grupo mais para dentro da Mesopotâmia, vindo a gerar, alguns anos depois, o império mitânio. Os hurritas, especialmente os mitânios, haviam se tornado sedentários, visto que

38 | A Saga dos Capelinos

copiaram os costumes dos povos que lá existiam. Haran era uma pequena aldeia que logo cresceu sob influência hurrita. A capital dos mitânios, Washshukanni, tornou-se, em poucas décadas, uma cidade de cinquenta mil habitantes, com largas avenidas, belos palácios e floridos jardins. Os hurritas, pelo fato de assimilarem os conhecimentos superiores dos habitantes do local, perderam seu próprio estilo nômade de vida. Acabaram sendo moldados, indiretamente, pelos sumérios, que haviam influenciado o norte da Mesopotâmia.

Yahveh, que para uma geração fora um deus importante, pois fora ele que os levara das estepes caucasianas para a segurança dos morros do norte da Mesopotâmia, tornara-se um deus secundário, esquecido, que só era lembrado em tempos especiais. Seu altar era pouco frequentado; ele era por demais temido.

O tempo passou inexoravelmente e Yahveh tornara-se taciturno. As guerras haviam se tornado endêmicas, mas ele não era lembrado em tempos de paz. Ele tinha que dividir as adorações do seu povo com uma plêiade crescente de deuses estranhos. Eles adoravam Anu, mas o alambaque Oanes, que personificara o deus Anu na Suméria, já havia renascido, após seu aprisionamento por Kabryel. Ele estava em vias de redenção, mas Anu ainda era cultuado, enquanto Yahveh estava esquecido.

Vinham as guerras e as desgraças se sucediam. Nesse instante, Yahveh era lembrado, porquanto era o deus da guerra, da vingança e da destruição. Mas ele não provocava a guerra. Os séculos o haviam modificado, assim como o lento e laborioso trabalho de conscientização que Orofiel encetara visando a prepará-lo para os altos voos da espiritualidade.

Passados dois séculos desde que Yahveh havia salvo os goromitas, Orofiel convocou-o para se encontrarem nos limites do astral superior. O grande espírito baixou sua alta vibração e 'materializou-se' perto de Washogan. Iniciaram uma conversa de suma importância.

– Amado Washogan, há mais de duzentos anos nós nos encontramos nas alturas das montanhas do Cáucaso. Muito você tem

Os Patriarcas de Yahveh | 39

mudado. De um demônio de egoísmo tornou-se espírito-guia de um poderoso clã.

Washogan meneou a cabeça em concordância.

– Contudo, é chegado o grande momento de sua existência. É preciso pensar em renascer novamente.

Aquilo foi um choque na mente de Washogan. Como pensar em renascer se ele havia evoluído tanto? Não era ele um deus? Não tinha alcançado os cumes da espiritualidade, tendo se tornado um guia de homens? Orofiel leu seus pensamentos.

– Meu caro irmão Washogan, não há quem que não tenha que passar pelo renascimento, lei da qual somente o verdadeiro Deus está isento. Os demais seres, desde o mais ínfimo dos protozoários ao mais poderoso dos logos universais, que cocriam universos inteiros, estão ou estiveram sujeitos ao renascimento. Você evoluiu muito, mas ainda não atingiu os cumes dos grandes espíritos dos quais nem eu faço ainda parte.

Orofiel fez uma pequena pausa e depois prosseguiu, em tom quase paternal.

– Você, em eras prístinas, tornou-se um deus de ódio. Depois você se remodelou e resgatou, em parte, sob duro trabalho no astral, o seu passado nebuloso. Agora você irá se divorciar de sua obra, tornando-se um ser humano e vivendo tudo o que você construiu. Yahveh irá se dissociar de você, pois transformou-se num conceito teísta, só que ainda imensamente longe do único e verdadeiro Deus. Mas você, espírito imortal, precisa evoluir, crescer e tornar-se verdadeiramente um deus.

Washogan estava tomado da mais viva emoção, com os olhos em lágrimas. Sim, era preciso renascer. Todos o faziam, mais cedo ou mais tarde. Tajupartak renascera para se tornar um deus – Rá – e outros renasceram para se tornarem o escárnio de outros homens. O que ele, o Yahveh das lendas, o deus da guerra, da vingança e da destruição, teria que passar? Nasceria para ser um rei, um profeta, um miserável, ou um canalha?

40 | A Saga dos Capelinos

Orofiel, percebendo sua mente em torvelinho, cortou-lhe os pensamentos desvairados:

– Washogan, não se esqueça de que todos renascem para caminhar para o Deus verdadeiro.

Neste momento, sobrepujado pela emoção, Washogan aquiesceu. Sim, ele também iria renascer.

• • •

Sansavi, curioso com a narrativa, perguntou a Orofiel o que acontecera com Washogan. O grande espírito abriu um arquivo no mundo mental e, sob o olhar embevecido de Sansavi, desfilou a mais recente experiência carnal daquele que fora Washogan, o Yahveh dos hurritas, que acabara de terminar. Antes viram que ele tivera duas existências difíceis, nas quais purgara os excessos que cometera como Yahveh. Nesta última experiência, ele havia renascido no vale do Meluhha, onde se estabelecera a civilização do rio Indo.

A civilização de Harapa e Mohenjo-Daro tinha se estabelecido mil anos antes do conclave angélico com povos dravídicos e mediterrâneos, que haviam vindo do planalto do Baluquistão e foram fortemente influenciados por pequenos grupos fugidos da Suméria, em história muito parecida com a do Egito. Os grupos fundiram-se numa civilização muito rica. Com o decorrer dos séculos, eles se tornaram imobilistas. Eles haviam esgotado os recursos do rico vale, desmatado em excesso as florestas abundantes e comercializado a madeira com os sumérios, os elamitas e os egípcios.

Os primeiros sumérios, capelinos por excelência, haviam sido liderados por Sraosa renascido, que se transformaria num grande 'rishi' – homem sábio –, conhecido como Nandikeshvara. Eles haviam construído suas cidades em lugares altos do vale do Meluhha – Indo –, com a finalidade de fugir das cheias do poderoso rio. Por várias vezes, o rio ultrapassara o limite das cidades e as destruíra. Eles reconstruíram Harapa, Mojenho-Daro e vários outros daro –

Os Patriarcas de Yahveh | 41

elevação –, exatamente como eram antes da destruição, sem alterar o que fosse. A primeira cidade a ser construída e que serviu de modelo arquitetônico para as demais foi Amri, fundada por Nandikeshvara, também conhecido pelos sumérios por Enki, o deus das águas doces subterrâneas.

Os harapenses estabeleceram próspero comércio com os sumérios, persas, kemetenses e vários outros povos, por meio das caravanas terrestres e da navegação. Eram agricultores e aproveitavam as cheias dos sete rios – Sapta Shindu – da região para fazer suas extensas plantações. Usaram irrigação extensiva e diques, canais e outras obras que não ficam a dever às dos sumérios e kemetenses.

Após mil anos, suas terras começaram a apresentar forte acidez devido ao uso intensivo e ao desmatamento exagerado. Isso originou uma série de catástrofes climáticas, além de pragas, pestes e invasões de insetos e roedores, cofigurando o corolário final da desobediência aos princípios ecológicos que Nandikeshvara havia legado. A fome levou quase toda a população rural ao êxodo, deixando as cidades em estado lastimável. Naqueles dias, os antigos asuras, fundadores de Harapa, que eram brancos, mediterrâneos, vindos há seis mil anos, migraram para o planalto do Decão. Em seu lugar, nas cidades de Harapa e outras, eles foram substituídos por uma população de negros dravídicos, que fugiam das pequenas aldeias que se situavam em torno das cidades principais. Fugindo da fome, invadiram as cidades desérticas e transformaram-nas em grandes favelas. Em locais onde uma família vivia com conforto e dignidade, oito a dez famílias dravídicas se estabeleciam com sujeira e desconforto.

O vale do Meluhha havia sido ocupado por vários povos. Havia desde os asuras até os shindis, que eram negros, dravídicos, de cabelos negros e lisos, de feições belas e agradáveis, todos vivendo em harmonia e paz. A aldeia de Chanhu-Daro tinha sido pouco atingida pela desolação e os shindis ainda habitavam aquelas plagas.

Shiva, o benevolente, o grande deus dos Shindis, havia abandonado o povo e não havia nada que pudesse fazer a divindade voltar

42 | A Saga dos Capelinos

a sorrir. Os 'rishis' eram os depositários do poder religioso e, aos poucos, viam sua força desaparecer. Algumas pequenas aldeias teimavam em continuar a longa saturação do solo e a fome já grassava nos arredores. A pequena aldeia de oito mil habitantes, em tudo réplica perfeita de Amri, que já chegara a ter trinta e cinco mil pessoas, tinha quatro 'rishis' importantes. Gundha era um deles, com uma filha dotada de poderes psíquicos. Desde os oito anos, Kalantara conseguia ver o futuro, predizer acidentes, desastres e curar pessoas.

Um dia, quando tinha cerca de dezoito anos e estava com o casamento marcado com um jovem nobre, filho do mais importante homem da aldeia, ela teve uma visão horripilante. Em pleno culto, um enviado espiritual do deus Shiva teve a complacência de possuir sua mente e disse para toda a assistência:

– Fujam para o norte, pois estão chegando as hordas dos grandes brancos. Não deixarão nada e possuirão tudo. Fujam hoje, se prezam suas vidas!

Todas as pessoas presentes, e não eram poucas, ficaram horrorizadas com aquela manifestação extemporânea. Que desgraças mais estavam sendo preditas? Será que não haveria a possibilidade de o deus Shiva tornar-se mais amorável se doassem mais presentes e oferendas? Será que deveriam abandonar sua cidade como já o haviam feito há mais de trinta anos os seus irmãos de Harapa e de outras cidades? De que eram feitos estes seres? Seriam demônios? Onde estavam?

Kalantara ficou profundamente envergonhada. Nunca isso lhe acontecera. Sempre tivera suas possessões em quartos apropriados e sob a orientação do pai. Ela não era sacerdotisa. Era uma auxiliar e agora tivera aquele acesso em público. O deus a possuíra com violência e não lhe dera oportunidade de se defender. Jogara seu corpo de um lado para outro, como se fosse um demônio, e, finalmente, quando a dominou, falou aquelas palavras tão impróprias para uma assembleia tão insigne. Fora uma das suas primeiras manifestações e, por isso, o espírito tivera dificuldades em se adaptar à mente de sua medianeira. Nas primeiras vezes, as incorporações, quase sempre, são difíceis e agitadas.

É claro que ninguém deu atenção a seus vaticínios, por ser uma profetiza menor, a não ser seu pai, que a conhecia como ninguém. Naquela noite, ele lhe disse:

– Confio em você e faremos o seguinte: amanhã de manhã sairemos da cidade e iremos até o noroeste por dois dias. Se não houver nada, voltaremos sem que ninguém se dê conta. Se realmente mais uma desgraça nos afligir, estaremos protegidos.

No outro dia, antes que o sol raiasse, Guhdha e a família de cinco pessoas saíram da aldeia com todo o cuidado para não acordar os demais habitantes. Andaram por dois dias, e Kalantara, escutando um barulho estranho, pediu para que todos se escondessem nos arbustos próximos ao secular caminho. Em alguns minutos, a barulheira crescia e logo uma matilha de cachorros foi avistada, pulando pela estrada, enquanto o ranger de carroças aumentava. Esse tipo de cão era desconhecido dos shindis, que não os criavam. Finalmente, após alguns instantes de angustiosa expectativa, surgiram, na curva do caminho, os terríveis seres que o grande deus Shiva havia previsto. Eram homens altos, brancos, armados até os dentes, portando grossos casacos de lã, capacetes estranhos e falavam uma língua desconhecida.

Kalantara e sua família estavam escondidos entre a vegetação e os deixaram passar sem fazer um só ruído. Após os estranhos sumirem atrás da curva da estrada de terra, eles escaparam por vias secundárias. Nunca souberam como foram afortunados por terem saído daquela aldeia a tempo. As tribos arianas varreram o vale do Meluhha, tendo vindo das estepes asiáticas, passando pelas altas montanhas do Hindu Kush através do passo de Khyber. Eles destruíram as cidades onde encontraram os drávidicos, exterminando as populações e derrotando as poucas que ousaram resistir.

Kalantara seria aprisionada, com o resto de sua família, dois anos mais tarde, quando tentava atravessar o deserto de Thar, ao nordeste da ilha de Cutch. Fora capturada no norte do extenso

44 | A Saga dos Capelinos

vale quando tentava alcançar o seu povo, que havia se espalhado por aquela área. A tribo que a aprisionou não era a mesma que destruíra sua aldeia, mas era da mesma nação de tribos arianas. Fora levada para o chefe da tribo e o seu sacerdote a poupara, vendo nela poderes psíquicos de grande feiticeira.

Durante dois anos, ela foi usada como escrava do sacerdote; aprendeu o sânscrito e, em contrapartida, ensinou-lhe o shindi. Conheceu os deuses arianos – Indra, Mitra e Varuna. Quando ouviu falar neste nome, pela primeira vez, seu coração disparou: onde ouvira tal nome? Quem seria esse poderoso Varuna que tanto medo lhe infundia?

O sacerdote explicou-lhe que Indra, também chamado de Vartraghan, era um deus terrível, que mandava no tempo, dono dos raios e tempestades, sendo muito temido; muito humanizado, bebia e comia de forma desbragada e somente obedecia a Varuna, o deus da ordem cósmica. Certa feita, o sacerdote lhe disse:

– Quando o mundo dos devas foi destruído pela cobiça dos homens e pela revolta dos demônios, Varuna, deus da justiça do universo, reuniu todos os faltosos e os levou pelos céus até este lugar. Disse-lhes: "Ouçam, filhos do desespero, enquanto forem guiados pelas almas dos espíritos revoltados vocês não poderão voltar a habitar os mundos felizes. Libertem-se dos demônios interiores e viverão na luz eterna".

Kalantara quis saber a razão de os homens se despirem de suas roupas e pintarem seus corpos de azul, para irem à luta. O jovem sacerdote disse-lhe:

– Minha jovem, nosso povo veio de um lugar onde todos eram azuis. Éramos altos e gigantescos. Vivíamos num mundo feliz. Éramos capazes de voar, de ver através do espaço, de falar com pessoas a imensa distância. Lá a morte só vinha quando éramos muito velhos. Portanto, para reviver estes dias magníficos, ficamos nus, pois o corpo é sagrado e precisa ser mostrado em toda a sua exuberância. Além disso, deve ser pintado de azul, pois é esta a nossa verdadeira cor. Se morrermos em combate, pintados de azul, nossa alma voará, livre e feliz, de volta para o mundo de onde viemos.

Kalantara aprendeu com aquele jovem sacerdote, que nunca a tocara, os motivos de terem vindo para estas plagas.

– Nosso grande deus Varuna nos deu ordens por intermédio de Indra, o inigualável. Disse-nos para irmos para o sul, atravessarmos as altas montanhas onde encontraríamos o vale dos sete rios – Sapta Shindu –; nele deveríamos fazer nossa pousada. Nossa terra foi avassalada por uma seca terrível; o calor abrasador no verão e o frio no inverno que nos enregelava até os ossos. As pastagens morreram e, junto com elas, a nossa riqueza, o gado, e a nossa força, o cavalo. Foi, portanto, num dia de grande desespero, após tomar o haoma sagrado, que vi Indra em sua glória. Ele me afiançou que me levaria para uma terra onde corre a doce água da bonança. Eu, Rhama, alto sacerdote de Indra, lhe obedeci e vim para estas plagas, liderando meu povo.

Em parte o que Rhama falara era verdade, mas os arianos haviam descoberto o caminho para o Meluhha por intermédio dos próprios habitantes do vale, que haviam fundado a cidade de Shortugai em pleno território ariano, há mais de quinhentos anos, a fim de implementarem o comércio entre as duas regiões.

Kalantara, vez por outra, tinha visões e as confiava ao belo sacerdote por quem tinha se apaixonado. Era o único que a tratava com bondade e a escutava, falando-lhe com blandícia.

Numa certa época, houve um grande conclave das doze tribos de arianos e as duzentas clãs principais. Cada chefe de tribo trouxe seu sacerdote e cada um deles levou seu ajudante. O jovem sacerdote levou Kalantara, que ficou atrás de todos os homens.

Discutiram durante horas se deviam ou não sair do vale do Indo e espalhar-se pelo norte do subcontinente indiano. Rhama, o jovem sacerdote, mestre de Kalantara, escutou e finalmente falou alto para que todos o escutassem.

– Ouçam, meus amigos, o que eu tenho a lhes dizer. Ontem eu bebi o haoma sagrado para que ele me dissesse o que fazer e apare-

46 | A SAGA DOS CAPELINOS

ceu-me um deus desconhecido, que me disse: "Sou Shiva, o deus dos shindis. Hei de lhes falar pela boca de minha sacerdotisa. Ouçam-me, senão grandes e pesarosas debacles cairão sobre todos."

Neste momento, Kalantara, que estava no fundo da sala, deu um grito abafado, quase imperceptível, e foi arremessada para frente por uma força ignota. Com dois ou três puxões de uma força espiritual dominadora, ela se viu no meio do espaço onde discutiam os chefes e os sacerdotes. Com voz forte, pouco feminil, falou em bhasha samskrta – a língua perfeita, conhecida como sânscrito, a linguagem dos árias:

– Sou Shiva, deus deste vale. Se permiti que entrassem nas minhas terras, foi para deixá-los passar para outras plagas. Amaldiçoei o Sapta Shindu por mais mil anos. Durante este tempo, todos os que viverem aqui estarão igualmente amaldiçoados. Ouçam a minha voz e partam imediatamente para o vale do grande rio sagrado da deusa Ganga e usufruam dele enquanto podem.

Os sacerdotes, num total de doze, sabiam que Shiva estava falando através de Kalantara, mas os chefes ficaram revoltados com o fato de que uma mulher falasse em seu conselho, quanto mais uma \ shindi. Um deles levantou-se e, bramindo, ergueu sua espada e a levou com rapidez até o pescoço de Kalantara, que não pestanejou nem se mexeu.

Rhama gritou:

– Não! Não a mate. Atrairá a vingança de Shiva sobre nós.

O homem parou a espada no alto da cabeça de Kalantara e a poupou. Olhou-a bem nos olhos e disse-lhe:

– Não há deuses a não ser os nossos. Shiva não tem poderes. Ele foi incapaz de defender seu povo. Ninguém se compara a Vartraghan.

Rhama desviou o olhar daquele chefe imprudente e, com profundo ódio e despeito, disse-lhe:

– Partiremos amanhã. Aqueles que quiserem ficar para desafiar o deus dos shindi que fiquem. Levarei meu povo para o nordeste e procurarei o rio a que o deus se referiu.

– Então vá, Rhama, leve seus arianos; ficarei com minha tribo neste vale. Ele nos pertence de agora em diante.

No outro dia, a tribo de Rhama partiu com mais oito grandes agrupamentos para conquistar o vale do Ganges. Ele entrou para a história daquele povo como um grande deus, um mensageiro de Brahman, uma encarnação de Vishnu, um avatar.

O chefe, que quase matara Kalantara, estabeleceu-se perto de Harapa e, na primeira grande cheia do rio, morreu afogado, levado pela corredeira. Nunca foi sepultado e sua carcaça foi comida pelos peixes e tartarugas do rio. Shiva lhe havia avisado, mas ele fora arrogante. Colhera o que havia plantado.

Kalantara andou durante quinze anos com Rhama e amou-o em silêncio, sem nunca ter sido dele. Ela muito ajudou os arianos a assumirem os deuses dos shindis. Aos trinta e sete anos, foi morta num combate: a tribo de Rhama foi atacada por outros arianos que cobiçavam seu gado, a grande riqueza daqueles povos indo-europeus. O grupo de Rhama saiu vencedor, mas Kalantara morreu trespassada por uma flecha. Falecera virgem como convinha a uma sacerdotisa. Rhama levou sua tribo e várias outras para o vale do rio da deusa Ganga – Ganges –, formando uma civilização de grande impacto no oriente.

• • •

Terminada a história de Washogan e sua nova existência como a sacerdotisa Kalantara, Sansavi resolveu pesquisar as vidas de Sarug. Ele era o personagem central de sua missão; quanto mais dados soubesse sobre ele, mais facilmente poderia cumprir seu encargo de orientá-lo para fundar uma religião monoteísta. Para tanto, com a ajuda de Orofiel, tiveram acesso aos arquivos de Sarug, podendo vislumbrar a sua última existência em Ahtilantê e os motivos de ter sido degredado para a Terra.

• • •

48 | A Saga dos Capelinos

Seiscentos anos antes do degredo de Capela, ainda na fase medieval do planeta, Mokutreh, um homem púrpura, era o chefe de uma pequena tribo nômade. Ele havia herdado a chefia da tribo em parte por ser um dos filhos do chefe e em parte por ter exterminado todos os irmãos que lhe tinham precedência na linha sucessória. Sua crueldade era inigualável. Nada se comparava a Mokutreh em combate singular, em astúcia e imaginação. Contudo, era profundamente religioso, acreditando num Deus único que lhe daria o paraíso se ele morresse em combate. Sua religião abominava os ídolos, a veneração de pessoas que haviam santificado sua vida com exemplos dignificantes e deuses subalternos. Para ele Deus era único e não admitia intermediários, mas para os outros a divindade era discricionária, escolhendo quem iria coroar com bênçãos ou com o total abandono, amaldiçoando-os com doenças, pestes e infortúnios.

Mokutreh tornou-se chefe após cometer vários assassinatos profundamente brutais, demonstrando que ele não estava ali para brincar e que devia ser levado a sério. Os conselheiros de sua tribo interpuseram pouca resistência, especialmente depois que Mokutreh deu uma demonstração caliginosa de força e poder. Ele adentrou a grande tenda onde estavam os conselheiros da tribo, trazendo a esposa do mais importante devidamente amarrada. Ele a degolou, sem uma única palavra, na frente dos demais e jogou a cabeça da esposa em cima do aparvalhado marido. Saiu da tenda sem dizer uma palavra, apontando o indicador para cada um dos conselheiros, em ameaça direta a cada um deles.

Mokutreh fazia isso com extremo desassombro, porque os jovens guerreiros o apoiavam e desejavam cobrir-se de glórias. Com tão formidável apoio, ele reuniu várias tribos e lançou-se à conquista de ricos reinos fronteiriços.

Ele era um guerreiro de grande valor pessoal e excepcional estrategista, que liderava suas tropas de modo audaz e destemido, vencendo as batalhas de maneira impressionante. Havia se tornado uma lenda viva em Ahtilantê. Sua história pessoal encontraria paralelo na existência turbulenta de Timor, o coxo, mais conhecido como Tamerlão, na Terra.

A morte o encontrou com idade avançada, cheio de esposas, filhos, netos e um império imenso, que foi logo retalhado pelos seus descendentes, do qual, após alguns séculos, nada restaria, a não ser tristes lembranças. No entanto, a morte é apenas um estágio. Assim que morreu, Mokutreh foi arrebatado, não para o paraíso que ele tanto almejava e ao qual acreditava ter direito por ter empreendido uma guerra santa contra os infiéis de seu credo, mas para as furnas mais tenebrosas que se pode imaginar.

Naquelas plagas interiores do planeta, no mundo astral, entre abismos insondáveis, grutas intermináveis e uma escuridão alucinante, ele foi torturado, escorraçado, vilipendiado por uma multidão de espíritos que ele matara e torturara em sua última existência. A vingança dos maltratados foi completa, culminando com sua transformação num monstro hediondo por um tenebroso alambaque que dominou sua mente em fogo.

Mokutreh, contudo, era um espírito de uma vontade de ferro. Poucos anos de inferno não dobraram sua cerviz; pelo contrário, o fizeram ainda mais odiento. Acreditava que fora enganado por Deus. Imaginava que, com seus atos, sua guerra santa e suas conquistas, ele havia elevado o nome de Deus acima de todos e, como paga, fora relegado a uma posição de total abandono e descaso. Se ele já era cruel, vingativo e caliginoso, agora tornara-se ainda mais abominável, pois queria vingar-se do desaforo de ter sido traído por Deus.

Sua predisposição de ânimo o levou a fácil ingresso numa falange de alambaques, os piores, que pertenciam a um grupo que se intitulava filhos da revolta. Eram todos ex-religiosos, ou assim supunham terem sido, que usaram o nome de Deus para roubar, matar, seviciar, saquear e praticar outros crimes nefandos. Seu líder havia sido chefe de uma das maiores e mais importantes igrejas do planeta, com centenas de milhões de adeptos, que havia lançado

50 | A SAGA DOS CAPELINOS

uma cruzada contra a bruxaria, os feiticeiros, enfim, todos aqueles que lhe eram contrários. Ele instituíra uma pantomima de julgamento. Os religiosos de outras correntes, curandeiros e inimigos políticos eram levados às barras dessa pretensa corte e condenados às piores torturas e à ignominiosa morte.

Junto a esta coorte de pervertidos, ele foi aprendendo as técnicas de persuasão, de mentalização e de magia mental. Mokutreh especializou-se em insuflar a discórdia entre religiosos, políticos e governos. Com tal atividade, ele gerou guerra, morticínios e todo tipo de atentado. Tornou-se mestre do engano, da decepção, do engodo. Manipulava as mentes despreparadas com rara maestria, o que redundava sempre em guerras e crimes hediondos. Subjugados por sua poderosa mente, seus títeres achavam que estavam fazendo tudo isso para maior grandeza de Deus.

Quinhentos anos se passaram e encontraram Mokutreh como chefe de um formidável exército de aleijões mentais que atuavam em todo tipo de fascinações e obsessões. Ele havia crescido aos olhos dos demais chefes. Muitos o achavam a representação perfeita de Razidaraka, o grande dragão, o mal personificado.

Varuna iniciou sua pregação e convocou os alambaques para o grande degredo de Ahtilantê. Eles iriam participar do grande processo de regeneração e crescimento espiritual, no qual seriam mais do que simples participantes. Eles haveriam de se tornar artífices de um grande movimento migratório, levando quase quarenta milhões de espíritos inadaptados às novas condições morais do planeta para a Terra. Mokutreh, como era avesso a todo tipo de acordo com os espíritos superiores, revoltou-se contra esse movimento de depuração. Para ele, Varuna não passava de um lambe-botas de um Deus, que ele sabia existir, mas que desprezava de sobejo.

Ele foi um dos mentores da grande revolta e conseguiu detonar a grande guerra que Katlach, o ditador hurukyano, declarou contra a metade de Ahtilantê. Numa certa etapa de sua vida, Tajupartak

Os Patriarcas de Yahveh | 51

chegou a ser um dos seus pares, mas o tenebroso alambaque mudou de lado, passando a integrar as forças da luz. Ele haveria de se tornar futuramente um deus do Egito na figura de Rá Harakty.

Quando as bombas destroçaram Tchepuat, a capital hurukyana, Mokutreh, não tendo mais sobre quem atuar, pois Katlach não mais existia entre os renascidos, enfurnou-se nas mais densas trevas, na tentativa vã de se esconder. Seu exército de aleijões psíquicos fora igualmente pulverizado pelas armas superiores dos guardiões, trazidas de Karion, sendo capturados pelas forças de Vartraghan. Mokutreh se resignou com a derrota que lhe fora imposta, mas já planejava a formação de um novo exército quando percebeu o lugar em que estava iluminar-se como se fosse pleno dia. Sentiu forte repuxão pela frente, dor aguda no peito e atordoamento na cabeça. Tomado do maior terror de que já fora possuído, desmaiou.

Fora capturado nas trevas pela grande lua negra. Os raios-tratores fizeram imenso mal à sua constituição espiritual, praticamente desintegrando seu corpo astral. Entrou em profundo coma. Acordou após doze anos, período em que tivera pesadelos escabrosos, revivendo os seus crimes, tanto como homem quanto como espírito. Assim que recuperou sua consciência, já na Terra, remodelou seu corpo astral e plasmou-o numa mistura de grande réptil ahtilante e ser humano. Os espíritos que planejavam os renascimentos convidaram-no a uma transformação interna para que pudesse renascer. Ele fugiu espavorido para as densas trevas. Não aceitava tal possibilidade em nenhuma hipótese.

Sua revolta o fez endurecer ainda mais. Seu espírito, já em extrema confusão, ficou ainda mais odiento, enclausurando-se nas reminiscências de um passado longínquo. Ele se lembrava de sua existência carnal, quando fora um importante líder de homens – um comandante de guerreiros.

Os seus captores o haviam tratado com cortesia, oferecendo-lhe um renascimento a ser estudado, mas ele recusara toda e qualquer ajuda. Mokutreh homiziou-se nas trevas do astral inferior e foi co-

52 | A Saga dos Capelinos

nhecendo os grandes movimentos que estavam sendo encetados. Nimrud, na Suméria, já dominava há mais de dez anos. O líder sumério havia conseguido feitos notáveis em Uruck, antiga Erech. Vários grupos de sumérios já haviam partido para o Iterou (rio Nilo), a Ásia Menor e o Baluquistão.

Ele ficou perambulando durante décadas. Sentia-se profundamente infeliz. Olhava para as estrelas longínquas, com profundo desespero por estar longe de sua amada e odiada Ahtilantê. Alguns espíritos capelinos aproximavam-se dele, notando-lhe a vigorosa figura, mas eram rechaçados a golpes de clava. Ele não queria ninguém por perto, pois nada o empolgava.

Após muito tempo, observou que muitos de seus comparsas estavam renascendo entre tribos nômades das imensas planícies da Eurásia. Neste ponto, ele passou a se interessar por eles, afinal, ele também fora um grande chefe nômade. Sentia-se atraído pelas grandes pradarias do vale de Kuban que margeava o mar Negro.

Mokutreh se aproximou de uma tribo de indo-europeus que se intitulavam goromitas. Ali passou a viver como um espírito agregado. De certa forma, o tempo em que estivera em coma lhe fizera bem, pois já não estava tão odiento e cheio de rancor. Entendia que não estava mais entre os ahtilantes, e sim junto a uma raça de humanos estranhos, mas belos, cujas mulheres se diferenciavam dos homens muito mais do que em Ahtilantê.

Aos poucos tornou-se mais dócil e desejou viver entre aqueles nômades. Aproveitando a boa disposição de alma, os guias espirituais o levaram ao renascimento e à redenção. Durante cinco longas e sofridas existências, a personalidade de Mokutreh deixou de existir para dar lugar à de um ser menos caliginoso. A beleza da remição está em deixar para trás as existências desvairadas e preparar-se para os altos voos da espiritualidade. Agora, Mokutreh já não existia mais e em seu lugar aparecia a personalidade vibrante e pujante de Sarug.

Capítulo 2

A primeira aparição de Sansavi a Sarug ocorreu durante um sonho, mas o jovem não registrou plenamente suas feições e palavras. Ficou, contudo, a lembrança de um sonho forte no qual ele se vira arrebatado às alturas. A partir daquele dia, Sansavi passou a acompanhar as atividades de Sarug. Algumas vezes de perto, outras, de longe; na maioria dos casos, por intermédio de seus obreiros. Yahveh havia adotado Sarug.

Depois da destruição dos seus ídolos pelo furioso filho, Tareh, pressentindo a chegada da morte, com o enfraquecimento geral de seu organismo, decidiu que Sarug deveria partir de Haran, estabelecendo-se em outro lugar, para segurança geral. Ao tomar sua decisão, falou a todos, estabelecendo as regras a partir daquele instante, dizendo-lhes:

– No sétimo dia após minha morte, você se apartará deste rebanho, levando consigo sua mulher Sarai. Meu neto Lot ficará sob sua responsabilidade, assim como a viúva de Arão, os seus servos e mais quatrocentas cabeças de rebanho, minha dádiva a você e ao meu neto, filho de Arão. Você deverá partir para as terras de Canaã,

54 | A Saga dos Capelinos

que ouço falar que são fecundas e dadivosas. Irá procurar uma aldeia chamada Siquém, cujo povo é pacífico e atencioso. Lá você se instalará e, assim que Lot tiver idade para se defender na vida, você lhe dará metade de tudo o que você adquiriu.

Sarug concordou e jurou por Yahveh que cumpriria o dever de proteger Lot com sua própria vida. Naquela noite foi festejado o acordo. Tareh mandou levantar uma pedra, lixá-la e inscrever nela sua descendência, seus desejos e o nome dos deuses que honrou durante sua vida. A estela de Tareh, daquela noite em que foi levantada em diante, tornou-se um marco de uma nova existência para Sarug.

Alguns meses depois, Tareh faleceria, tranquilamente, durante o sono, com falência geral do seu organismo combalido por longo sofrimento moral devido à perda do seu amado filho Arão. Após a morte do pai, sete dias decorridos do funeral, Sarug decidiu partir. Juntou seu grupo de familiares e pastores que estavam subordinados a ele, a fim de se movimentar em direção a Siquém, em Canaã. O jovem, com apenas vinte e um anos, recém-casado com sua meia-irmã Sarai, de quatorze anos, estava mais preocupado com as quatrocentas cabeças de rebanho do que com qualquer outra coisa. Na véspera da partida, os dois irmãos quase se desentenderam por causa da seleção, pois cada um queria os melhores espécimens. Sarug, gritando mais alto, conseguiu reunir um rebanho melhor do que o que deixaria para Nacor, que ainda assim conseguiu ficar com mais de três mil cabeças.

A caravana deslocou-se lentamente pelas colinas. Andavam poucos quilômetros por dia para o rebanho não perder muito peso. Um dos pastores, um homem de Damasco, pequena cidade da Síria dominada pelo Kemet, chamado Eliezer, fora contratado por Sarug. Ele conhecia a região como ninguém, pois havia viajado por toda a região como caravaneiro. Sarug, confiando nos conhecimentos de Eliezer da região a ser atravessada, colocou-se em suas mãos para ser guiado até Siquém, em Canaã.

Os Patriarcas de Yahveh | 55

Durante meses, o grupo deslocou-se com lentidão enervante. Eles passaram pelas cidades de Carchemish e Aleppo, esta última perto de Ebla, nos montes Amanus. Ficaram em Aleppo por três semanas, onde recuperaram o peso do rebanho, e depois rumaram em direção a Ugarit, no mar Mediterrâneo. Lá, contrataram mais alguns servos que conheciam a língua dos cananeus e dirigiram-se ao sudoeste para Byblos.

Durante meses, o grupo foi serpenteando, andando devagar; Sarug não queria perder os terneiros, que, por isso, iam no colo dos pastores. Passaram por Sidom e Sarepta sem maiores embargos. Em Tiro, abandonaram o litoral e subiram em direção a Hazor, uma aldeia perdida na região do lago Merom.

No caminho aconteceu um grave entrevero entre os quase trinta homens que Sarug conduzia e um grupo de rústicos e carrancudos cananeus. Eles exigiam um pedágio exagerado para cruzarem seu território. Era normal que o grupo viajante pagasse ao rei local certo tributo, que não passava de uma cabeça de gado para cada duzentas existentes. Mas aqueles homens eram gananciosos; queriam trinta em cada cem, o que era intolerável. Além disso, eles exigiram cinco homens que se tornariam escravos, o que Sarug recusou energicamente, dizendo que todos os seus pastores eram como filhos para ele.

Uma luta encarniçada e renhida foi travada entre Sarug e seus pastores e os cananeus. Yahveh foi conclamado por Sarug, que demonstrou sua força ao derrotar um número de adversários pouca coisa superior ao total de seu grupo de combate. Houve dois feridos; um deles gravemente, mas que não morreu, e o outro, Sarug, que sofreu um leve corte na perna, o que o obrigou a ser levado de carroça durante o restante do caminho até Hazor.

A higiene pessoal, naqueles tempos, era descurada. Os homens não se lavavam, passando vários dias sem sequer abluir as mãos antes das refeições, e era normal que, após os atos sexuais, nenhum dos dois se lavassem, o que levava os fluidos corporais a

56 | A Saga dos Capelinos

secarem naturalmente. Sarug, ao ser ferido, nada fez a não ser estancar o pouco sangue que saía da ferida com um pano tão imundo quanto ele próprio, que não via água há mais de dez dias, desde que saíram de Tiro.

No dia seguinte à vitória contra os bandidos da região, Sarug acordou suando frio, com mal-estar geral, calafrios a percorrerem-lhe o organismo e uma dor latejante na testa, que ardia em febrão. Uma sede terrível o assaltava. Sarai teve dificuldade em ampará-lo; estava fraco e tonto. A espada infectada e suja do cananeu fizera bem seu trabalho lento de septicemia. Tudo estava a indicar que sua perna estava gangrenada e logo a notícia acabrunhou a caravana, acreditando que seu valoroso chefe estava liquidado.

Era uma questão de horas. No final da tarde, Sarug já não reconhecia ninguém, entrando em estado comatoso. Um silêncio caiu sobre o acampamento e todos oravam para que o chefe não viesse a falecer.

Um homem enorme, alto e forte, de pele alva levemente bronzeada, com uma longa barba branca e aspecto severo, olhava atentamente para Sarug. Era Sansavi. Ele tinha a aparência de um homem de setenta anos, mas deslocava-se com rara agilidade. Vestia uma túnica longa, drapeada na cintura, e na cabeça era possível se ver um barrete alto, que se parecia com uma mitra. Seus braços, musculosos, saíam por cortes laterais da vestimenta, o que demonstrava que o ser, mesmo tendo a aparência de um velho, era, na verdade, muito jovem, fato comprovado pela inexistência de rugas a lhe cobrirem os braços e o rosto. Ele esticou a destra, arrancou Sarug do leito e levantou-o com extrema facilidade. Essa rápida operação foi de extrema leveza, sem a menor brutalidade. Sarug estava entorpecido e via aquilo tudo com surpresa e certo receio. Quem era aquele gigante que devia ter perto dos dois metros e que o levantava como se ele fosse uma criança?

– Eu sou Yahveh, o seu protetor.

O gigante falou, sem mover os lábios, e sua voz explodiu no interior da mente de Sarug. Nesse instante, ele olhou para os la-

Os Patriarcas de Yahveh | 57

dos e só teve tempo para notar que estava voando nos braços da gigantesca figura. Sua cabeça girou. Estonteado, quis gritar, mas nenhum som saiu de sua boca. Olhou mais uma vez para os lados e viu o acampamento se tornar pequeno. Dava a impressão de que cabia na palma de sua mão. Ele foi se afastando do solo e a Terra, com seus contornos e detalhes, foi-se tornando menor. Deu um longo hausto e fechou os olhos. Sentiu-se seguro nos braços do amigo espiritual. Pela primeira vez, ele pôde ver Sansavi em todos os seus detalhes e o tomou por Yahveh.

Nesse ínterim, dois espíritos aproximaram-se do corpo estendido na carroça e, trabalhando velozmente, deram passes longitudinais ao tronco de Sarug. Envolveram o ferimento de sua perna com uma espécie de gelatina verde, que vibrava em suas mãos, e que, em poucos segundos, entranhou-se na ferida, sendo absorvida incontinente. Logo após essa operação, um outro espírito, que não tinha participado da primeira intervenção, apareceu. Ele trazia em suas mãos um tecido branco e longo, e cobriu o corpo de Sarug com aquela alva mortalha.

As três almas, em conjunto, impuseram as mãos sobre o corpo estendido, completamente coberto por aquele diáfano tecido; aos poucos, a mortalha começou a emitir uma luz própria. Parecia que aquele tecido estava se transformando em milhares de minúsculas gotas de orvalho que emitiam uma luz safirina, levemente azulada, e um som baixo, quase inaudível, porém melodioso. Era um acorde longo, prolongado e pleno.

A operação espiritual não durou mais do que dez minutos e, assim que terminou, o gigante protetor espiritual daquela caravana trouxe o seu líder para perto do seu corpo ainda adormecido. Quando viera, encontrara o espírito de Sarug já quase totalmente liberto dos liames carnais, ligado apenas por tênue laço fluídico ao debilitado organismo. Agora, após rápida e eficiente intervenção dos médicos espirituais, o corpo estava em condições de proporcionar ao ocupante ainda excelentes oportunidades evolutivas.

58 | A Saga dos Capelinos

Sarug acordou no seu corpo físico, algumas horas depois, quando o sol nascia. A algazarra foi geral. Todos estavam felizes por sua recuperação. A perna que apresentara quadro mórbido de gangrena estava curada, desinchada e apta para caminhar. Sua temperatura voltara ao normal e seu apetite tornara-se voraz. Bebeu mais de um litro de água e comeu um quarto de pernil de carneiro, acompanhado de duas tigelas de cevada e legumes cozidos.

– Yahveh esteve comigo. Tomou-me nos braços como se fosse uma criança e voou até os céus. Voltei curado. Ele me disse que nos levará em segurança para uma terra generosa, de farturas ilimitadas.

O grupo exultou. Tinha que ser verdade. Ninguém ficaria bom da noite para o dia sem a ajuda de um poderoso deus.

A partir daquela data, Sarug passou a ser chamado de pai pela sua tropa de pastores, pois ele se comportara como tal, ao proteger seus subordinados como se todos fossem seus filhos. A palavra pai, na língua dos caldeus, muito semelhante ao aramaico, era Avram.

Após duas semanas de andanças, tendo subido por escarpas montanhosas, chegaram a um extenso vale verdejante, bem próximo da lagoa Merom. O grupo mergulhou nas águas do rio Jordão com intensa alegria. Estavam em Canaã, num lugar chamado Hazor. Ficaram alguns dias naquele local, cuja terra não era propícia para criarem carneiros, por não oferecer verdejantes pastagens.

Andaram ainda mais duas semanas, descendo o rio Jordão até encontrarem o lago de Genesaré, mais tarde chamado de mar da Galileia ou lago de Tiberíades, de águas doces. Continuaram sua marcha, passando rapidamente por pequenas aldeias de nomes estranhos, como Betson; na altura de Jabes-Galaad, a meio caminho entre o lago de Genesaré e o mar Morto, o grupo desviou para o noroeste, deixando as margens do rio Jordão.

Finalmente, no décimo-quinto dia depois de terem deixado Hazor, oito meses após terem saído de Haran, chegaram à ambicionada Siquém, incrustada entre dois morros suaves, num vale amplo. Ao entrar no vale de Siquém, Sarug, agora chamado por todos de

Avram, mandou levantar uma pedra e matar um carneiro em louvor a Yahveh, que o havia salvo da morte iminente e que o trouxera até o seu destino. O deus de Avram era poderoso e o elegera, levando-o são e salvo até o destino.

Siquém não era o que todos esperavam. Efetivamente era um local verdejante, com muita pastagem, água limpa em abundância, mas fortemente ocupado. Os cananeus, povo semita, de costumes ainda primitivos, adoradores de Baal Hadad e de Moloch, eram cruéis e muito pouco dados a amizades. Quando o grupo chegou à aldeia, à procura de terras para seu rebanho, foram logo cercados por estranhas figuras, seminuas, barbudas e mal-encaradas. Avram, ainda deitado na carroça, não pôde deixar de se preocupar, enquanto Eliezer, o damasceno, tentava parlamentar com o grupo de cananeus. Falavam línguas similares, mas sutilmente diferentes, e só a muito custo conseguiram entender-se.

Não havia terras disponíveis e os cananeus não queriam dispor de nenhuma. A situação foi se tornando tensa. Mais cananeus iam aparecendo. Chegavam curiosos, procurando investigar; mas mudavam de feição assim que entendiam que os intrusos desejavam se situar naquelas paragens. Em poucos minutos, estabeleceu-se uma situação estranha e peculiar àqueles tempos: os dois grupos ficaram face a face, gritando impropérios, a rosnar uns para os outros e a brandir suas armas. Quem cedesse seria atacado pelo outro e, provavelmente, morto.

O grupo de Avram, menos numeroso, começou a retroceder. Sempre encarando a malta cananeia, empunhando suas armas, saiu da aldeia. O restante dos aldeões os seguia, vociferando impropérios em sua língua estranha e gutural, enquanto apontava para longe, num convite inamistoso para que saíssem daquele lugar.

O grupo de Avram moveu-se de volta para a planície, andando o suficiente para ficar longe da aldeia. Naquela noite, com todos postando guarda, reuniram-se para decidir o que fazer. A má vontade do povo de Siquém deixara Avram bastante prostrado e, como

60 | A Saga dos Capelinos

golpe de misericórdia, a possibilidade luta iminente o deixara com os nervos em frangalhos.

– O que faremos agora, mestre Avram?

– Este não é o único lugar do mundo, Eliezer. Procuraremos por terra e nos instalaremos.

– Mas, Avram, como pretende ficar aqui? Você não viu como fomos recebidos?

– Não ficaremos aqui. Iremos mais a oeste.

– Quem nos diz que não haverá mais terras ocupadas a oeste?

– Não sei, mas teremos que ir cada vez mais ao oeste. Não podemos voltar a Haran. Não podemos ficar aqui. Confiemos em Yahveh que haveremos de encontrar uma terra fértil.

Não havia muito o que discutir. Era preciso confiar e seguir adiante. Avram dirigiu-se para o oeste e seu pequeno grupo de pessoas era enxotado de cada lugar a que chegava. Dirigiam-se cada vez mais para fora da terra de Canaã, enfrentando o desprezo e a desconfiança dos habitantes daquela terra.

No oitavo dia, tendo perdido, dado ou trocado várias de suas cabeças do rebanho, chegaram a um local relativamente deserto, perto do Negeb. Pararam por dois meses, naquelas terras amarelas, onde a areia do deserto vizinho teimava em invadir as poucas terras verdes a cada lufada de vento. O rebanho sofria com o calor, a falta de comida abundante e com a água relativamente insalubre do local. Não podiam ficar ali por muito mais tempo. Avram tomou a decisão após uma noite agitada de sono.

Fora dormir de barriga quase vazia, após tomar uma caneca de leite de cabra. Estava exausto. Passara o dia tomando conta do rebanho por causa de um grupo de chacais que avistara a alguns quilômetros. Eram mais de dez animais adultos. Ele tinha medo de que aqueles estranhos cães viessem em sua direção e atacassem seu rebanho. Entretanto, para seu sossego, até a noite, ele não os tinha avistado mais, parecendo que tinham se embrenhado no deserto. Fora dormir atormentado pela presença de chacais, a falta de água, comida e futuro.

Avram tinha sido escorraçado em todos os lugares da Cananeia por que passara. Em Silo, Betel, Betsames, Zif, Maon, Arcer e Tamar, a população local deu demonstrações patentes de que não eram bem-vindos. Em Betel, Avram teve uma visão de Yahveh enquanto dormia. No outro dia, mandou levantar uma pedra, outra estela, e sacrificou outro terneiro em louvor ao seu deus. Em Tamar, algumas pedras foram jogadas contra as últimas carroças, ferindo de leve uma criança, o que quase ocasionou um sério entrevero, logo contornado pela argúcia de Avram.

A frustração por não conseguir instalar-se naquela terra fazia com que Avram a cobiçasse ainda mais. Inicialmente porque era fértil e bela e, depois, por ter sido expulso pelos cananeus. O ódio aos cananeus apossou-se de Avram, que voltava a sentir desprezo pelos poderosos e por todos que o humilhavam. Os espíritos capelinos estavam renascendo em muitos lugares, e os mais atrasados, belicosos e endurecidos no mal estavam vindo para Canaã e Assíria.

No meio da noite, voltara a sonhar com Yahveh que, desta vez, de forma mais incisiva e direta, deu-lhe uma mensagem que o reconfortou.

– Nada temas, Avram, pois sou Yahveh, teu protetor. Darei esta terra a ti e nela edificarás tua descendência. Entretanto, antes que isso aconteça, deverás tornar-te digno de nela penetrar. Tira teu povo desta terra e dirige-te para o oeste até encontrares um grande rio e uma terra que os homens chamam de Kemet. Estabelece-te naquelas paragens e faças o que melhor sabes fazer para viver dignamente. Serás comerciante e pastor. Tornar-te-ás imensamente rico e voltarás para Canaã com muitos homens armados e pastores, além de um tesouro incalculável. Vai e confia em Yahveh, pois eu sou teu exclusivo deus.

Logo após a aurora, uma gritaria se fez ouvir no campo, acordando o pequeno acampamento. Avram acordou sobressaltado e, pouco depois, tomou consciência do inusitado fato: os chacais

62 | A Saga dos Capelinos

haviam atacado na aurora. Eles haviam matado mais de quinze ovelhas. Fora a gota d'água. Lembrando-se vagamente do sonho, entrevendo o deus Yahveh, deliberou partirem incontinenti para o oeste. Os homens, seus servos, e seu sobrinho Lot estranharam, mas quem eram eles para discutir com uma figura tão imponente e autoritária como Avram?

O grupo perdeu algumas ovelhas, cabras e bois ao atravessar o deserto de Sur, parte do Sinai que ligava a terra de Canaã às terras negras, o Kemet. Tiveram que caminhar quase trezentos quilômetros, durante dezesseis dias, pelo escaldante forno sinaítico. Ao chegarem ao Kemet, tinham mais de mil cabeças de rebanho. Os cuidados extremados com o rebanho possibilitaram que, além de viverem dele, pagassem os tributos da entrada no Kemet, que estava fortemente vigiado por soldados armados. Apesar de todas as desventuras, o rebanho havia se multiplicado razoavelmente.

Chegaram a Tjel, no Kemet, e Eliezer, com grande dificuldade em se comunicar, acabou descobrindo que, mais ao sul, existia uma grande cidade, que necessitava de incomensuráveis manadas de animais. Partiram, então, para a cidade de On.

Avram estava sendo guiado pela falange de Yahveh, pois, naquela cidade, onde existia o famoso templo da ave benu, mais tarde chamada de fênix pelos gregos, havia uma enorme carência de ovelhas. Existiam dois templos importantes na cidade, sendo um o santuário da ave benu, e o outro de Rá Harakhty. Ambos eram grandes consumidores de cordeiros, o que fazia dali o local ideal para um pastor ganhar a vida honestamente.

Avram, um completo estranho, adentrou a cidade sem embargos. Visitou-a demoradamente e descobriu o imenso templo. Mesmo contra seus princípios, entrou e andou pelas colunatas cuidadosamente. Durante alguns dias foi descobrindo como e onde se vendiam os carneiros e o preço de troca. As moedas não eram difundidas no Kemet. Primeiramente, esforçou-se em aprender a língua, para depois divulgar seu produto. Estava muito bem provi-

Os Patriarcas de Yahveh | 63

do de terneiros para a venda. Trouxe os melhores, cerca de trinta, para perto do templo e os vendeu em menos de uma hora.

Os meses se passaram. Avram e seu grupo conseguiram melhorar em muito sua vida e davam graças a Yahveh publicamente. No Kemet, a criação de animais nunca fora uma atividade permanente e exclusiva. A agricultura era muito valorizada e, com exceção de algumas celebrações para o boi Ápis, paradigma do bovino, as pequenas criações de animais atendiam exclusivamente às necessidades caseiras. Assim, Avram, com sua criação exclusiva de ovelhas e cabras, encontrou farto mercado para seu produto.

O rebanho de Avram, não obstante todos os esforços, já não conseguia crescer à velocidade que ele desejava. A maioria de suas ovelhas estava velha e os filhotes sadios cada vez mais raros. Era preciso buscar melhores espécimens fora do Kemet, pois, localmente, as raças eram pobres. Avram sabia que na Cananeia e na Fenícia havia belos animais, muitos deles originários do planalto da Anatólia, na Ásia Menor. Para ir até lá era preciso organizar uma expedição, com muitos pastores, exigindo muitos recursos. Dinheiro era a chave do negócio.

Durante alguns dias, Avram e Eliezer discutiram bastante sobre o assunto, até que Avram teve uma intuição vinda de Yahveh. O maior beneficiário das oferendas era o templo e, mais do que isso, os sacerdotes. Grande parte dos carneirinhos oferecidos aos deuses era poupada, e depois revendida para famílias ricas que pagavam bom preço. Dos que eram sacrificados, eram cortados as patas dianteiras e traseiras, o rabo, a cabeça e alguns miúdos, como coração, fígado e o miolo, que seriam dispostos sobre um odorifumante altar e tostados durante alguns minutos. O restante da carne era consumida pelos sacerdotes e artesãos do templo da ave benu.

Se os sacerdotes também se locupletavam com a doação dos carneiros, por que não poderiam emprestar os recursos a Avram para adquirir o que lhe faltava em Byblos? Com essa ideia na cabeça, Avram, agora com vinte e cinco anos, falando fluentemente o copta – já estava há três anos em On –, foi conversar com o sumo sacerdote do santuário da ave benu. Na primeira vez, não foi atendido diretamente por ele, mas por um sacerdote de razoável importância que o escutou calmamente. No final da entrevista, o sacerdote lhe informou que encaminharia sua petição ao sumo sacerdote, e que deveria aguardar a resposta por alguns dias.

Dois dias depois, no seu acampamento, fora da cidade, Avram foi chamado pelo mesmo sacerdote, que lhe fez uma série de perguntas. As perguntas e respostas foram anotadas por um escriba presente. Avram aguardou a resposta por uma semana, até que recebeu a ordem de ir conversar diretamente com o hierofante.

Chegou ao templo na hora marcada e foi conduzido aos salões de audiência do sumo sacerdote. Era uma sala ampla, com um mobiliário rico em enfeites, incrustações de pedras e desenhos de baixo e alto relevo. Dois escravos e uma escrava serviam cerveja tão gelada que Avram assustou-se com o impacto na sua boca. Absolutamente deliciosa!

Avram esperou o sumo sacerdote terminar assuntos de somenos importância e dirigir-lhe a palavra.

– Então, você é o famoso Avram de que todos falam.

Avram riu. Quem não gosta de ser elogiado? O sumo sacerdote era um homem de quarenta e poucos anos, finório, sagaz e de família nobilíssima. Tinha mandado seus olheiros levantarem a vida de Avram e estava a par dos menores detalhes, até mesmo da adoração de Avram por um único deus e não por uma multidão, como era comum na época.

– Sou seu humilde servo, grande sumo sacerdote – disse Avram, fazendo uma especial reverência, como vira outros fazerem. Na realidade, o fizera com maestria e elegância. Havia ensaiado este movimento várias vezes. O sumo sacerdote, Seankhtaui, gostou dos maneirismos de Avram.

– Estudamos muito sua oferta e só temos uma dúvida.

O olhar de Seankhtaui era de puro sarcasmo. A raposa estava para dar o bote. Avram, ansioso para fazer o negócio, perguntou, quase não escondendo sua aflição:

– Qual é a sua dúvida, meu nobre senhor?

– As garantias, meu amigo, as garantias. Você compreende que o que nos pede é uma fortuna, além de exigir que destaquemos guardas e escravos em número bastante grande para organizar sua caravana de compra. Desse modo, nós temos que ter uma certa garantia de que não irá levar meus homens para um ardil, aprisioná-los, vendê-los como escravos e apossar-se do ouro e das joias.

Avram fez cara de espanto. Realmente, aquilo não lhe havia passado pela sua mente. Antes que pudesse objetar, o sumo sacerdote foi mais rápido e, com a mão espalmada, disse-lhe:

– Conheço os seus sentimentos. Sei que não faria tal coisa, mas as boas maneiras de se fazer um negócio exigem que o tomador do empréstimo dê algo em garantia.

Seanktaui fez uma pausa estratégica, como para agastar seu interlocutor, enfraquecendo sua eventual resistência. Finalmente, após alguns segundos de silêncio, o sumo sacerdote perguntou:

– Pensamos muito numa garantia que você pudesse dar. Queremos saber quem é aquela formosa mulher que vive em sua tenda.

Seankhtaui era comerciante. Queria ficar com a esposa do tomador do dinheiro como uma garantia de que o homem não iria fugir ou praticar alguma vilania. Seus olheiros lhe disseram que a mulher era de uma beleza estonteante, e isso seria uma garantia suficiente. Por outro lado, Avram sempre fora um estrangeiro vivendo em terras estranhas. Desconfiava dos kemetenses, crendo que todos eram seus mortais inimigos. Estavam, pensava ele, à espreita para assassiná-lo e tomarem seus bens e sua mulher.

Sarai estava agora com vinte e quatro anos, na flor de sua beleza, tendo um tipo físico totalmente diferente do dos kemetenses. Era branca, alta – acima de um metro e setenta e cinco centímetros –, esguia, com pernas longas e delgadas, cabelo castanho-dourado

66 | A SAGA DOS CAPELINOS

liso e sedoso, e olhos cor de mel. Seu busto, alto e farto, era a coroação de um corpo escultural, de cintura fina e quadris arredondados. A mulher era uma deusa de chamar a atenção de qualquer um. Isso fazia com que Avram vivesse sobressaltado, achando que poderia ser morto por causa dela. Por outro lado, o sumo sacerdote não tinha más intenções para com ela; apenas desejava uma garantia real de que o homem não fugiria com o dinheiro. Nada mais justo!

– É minha irmã Sarai.

O sumo sacerdote franziu a testa e cruzou os dois braços no peito.

– Pensamos que fosse sua esposa.

Avram deu um risinho nervoso e disse, com a voz levemente trêmula:

– Não, meu nobre senhor. Trata-se da única irmã que tenho e cuja guarda me foi confiada pelo meu falecido pai.

Seankhtaui pensou rapidamente e concluiu que tanto fazia uma esposa como uma irmã. "Uma irmã, pensando bem", falando para consigo mesmo, "é até melhor do que uma esposa. A responsabilidade sobre uma irmã é maior do que sobre uma esposa. Se o homem não amar mais a esposa, poderá se desfazer dela. Já uma irmã, dada em responsabilidade pelo falecido pai, é assunto mais sério."

– Entendo. Bem! O que desejamos é que ela fique conosco enquanto você estiver fora. Será nossa mútua garantia. Aqui nós a protegeremos contra os vilões, já que você estará fora, e ela será nossa garantia de que você voltará. Quero que entenda que, se você não voltar, sua irmã será vendida como escrava, o que permitirá que consigamos nos ressarcir das perdas. Por conta, posso lhe assegurar que ninguém a molestará enquanto estiver sob nossos cuidados.

Seankhtaui estava testando Avram. Os kemetenses, especialmente os nobres, casavam-se com suas meia-irmãs para manterem a fortuna em suas próprias residências. O sumo sacerdote acreditava que, se fosse sua esposa, ele diria que tal coisa não era possível e o negócio não seria concretizado, mas, se fosse mesmo sua irmã,

Os Patriarcas de Yahveh | 67

ele não se importaria tanto. Para Avram, no entanto, mais importante do que Sarai, era fazer um negócio longamente anelado que iria possibilitar que se tornasse um homem rico, poderoso e, sobretudo, pudesse amealhar recursos suficientes para sair do Kemet e voltar a Canaã, local que o cativara pela beleza e o angustiara pelo fato de ter sido de lá vilmente enxotado.

– Não vejo nenhum problema em colocar minha irmã sob sua guarda. Tenho confiança de que cuidarão dela com desvelo e atenção, devolvendo-a sã e salva.

"Realmente deve ser irmã desse homem", pensou o sumo sacerdote. "Se fosse sua esposa, ele não arriscaria deixá-la com estranhos".

Continuaram discutindo detalhes, datas e demais itens da expedição, decidindo que sairia de On em vinte dias. Eles ficariam fora por três meses e retornariam em tempo para as grandes festas do Hetbenben, dentro de seis meses, quando esperava-se mais de cem mil peregrinos na cidade. Nessa época, o faraó viria em pessoa de Hauara, sua nova capital, onde fizera um magnífico palácio, para oficiar as cerimônias sagradas do benbenet. O faraó, naqueles tempos, era Amenemhet III, o sexto da XII dinastia, filho de Senusret III.

O primeiro faraó e fundador da XII dinastia, Amenemhet, fora um tati que usurpara o trono e estabelecera um governo forte. Em sua reforma, ele exterminou com os heseps e eliminou os nobres hesepianos. Seu filho Senusret, mais conhecido pelo nome grego de Sesóstris, ampliou os domínios do Kemet e transferiu a capital de Ouaset para Itj-Towy, nas margens ocidentais do Iterou, pouco acima da planície de Gizeh. Lá, nessa planície, foram construídas, há mil anos, as três maiores pirâmides: Khufu, Khafre e Menkaré, respectivamente conhecidas como Queops, Quefrem e Miquerinos, seus nomes em grego.

Sarai era filha de Tareh com uma outra mulher que não a mãe de Avram. Ele teve cinco mulheres, uma das quais morrera de parto. A mãe de Sarai era suméria, descendente de uma tribo indo-europeia de cabelos castanhos alourados, o que lhe dera a bela cor

68 | A Saga dos Capelinos

dos cabelos e os olhos dourados. Quando fizera quatorze anos, Tareh a destinara a Avram, seu meio-irmão, que, demonstrando certa rudeza no leito, não a fizera conhecer o prazer. Ela mantinha-se calma e calada na maioria das vezes, mas era um tufão quando irritada. No dia em que foi avisada de que ficaria no templo enquanto o marido estivesse fora, ela foi ao paroxismo da irritação. Nunca Avram a vira tão furibunda e fora de si.

– Você me trata como se eu fosse uma reles prostituta. Logo eu que sou sua irmã e esposa! É esse o amor que você me dedica?

Avram procurou apaziguá-la, dando-lhe explicações racionais.

– Sarai, minha esposa e irmã, você precisa compreender a posição em que eu me encontrava. O sumo sacerdote teria me matado se soubesse que eu era seu marido. Como irmão, ele me manteve vivo em sua homenagem. Além disso, eu não a estou repudiando. Apenas, estou colocando-a na segurança do templo enquanto eu estiver fora.

– Mentira! Tudo não passa de mentiras! O sumo sacerdote irá dispor de mim como se fosse uma qualquer. Irá me convidar para seu leito e o que devo fazer? Devo aceitar? Devo me tornar uma prostituta para que você alcance seu objetivo?

Avram fechou o cenho e disse-lhe, saindo da tenda em seguida:

– Faça o que sua consciência julgar que deve ser feito.

Sarai estava por demais irritada para chorar. Naquele instante, se pudesse, teria esganado Avram com suas próprias mãos. Não que ela tivesse amor ou carinho especial por aquele homem rude, mesquinho e egoísta, mas a forma como fora tratada ia além de qualquer decência. Era óbvio que seria constrangida a dormir com o sumo sacerdote e sabe-se lá mais quem. Essa falta de respeito de Avram por ela a irritava. Estava sendo tratada como uma simples mercadoria de troca, e teria que aceitar resignada.

Intensos preparativos foram levados a cabo em vinte dias. Avram reuniu doze escravos, além de trinta soldados, que vigiariam os tesouros. Fora-lhe permitido levar apenas um dos seus servos, além do sobrinho Lot, que agora estava com vinte e um anos.

A caravana saiu silente de On, na data combinada. Na véspera, Sarai fora levada para o templo, sendo entregue na ala das mulheres com toda a pompa que a circunstância merecia. Fora-lhe dedicado um aposento amplo e, para cuidar dela, destinaram-lhe uma escrava chamada kemetense Agar, filha de uma belíssima núbia, negra como uma noite sem luar, com um hamita de pele marrom. Agar era uma mestiça bela, que possuía os traços faciais suaves dos hamitas e as formas vigorosas e generosas dos núbios. Sua cor de pele era marrom-escura; seu cabelo era encaracolado, denso como uma mata, que ela mantinha cortado curto, quase tonsurado. Vestia-se como todas as escravas, com uma tanga a cingir-lhe a cintura, apenas escondendo os pelos púbicos.

As duas mulheres, tão diferentes e ao mesmo tempo tão iguais em sua falta de direitos, deram-se muito bem de imediato. Agar era calma e quieta, só falando quando lhe era dirigida a palavra, e Sarai, estando em lugar desconhecido, só tendo a escrava como amiga, afeiçoou-se a ela.

Dois dias após a partida de Avram, Seankhtaui fez sua primeira investida. Mandou chamar a bela prisioneira para jantarem juntos em seus aposentos íntimos. Sarai foi preparada por Agar, com banhos perfumados, roupas de linho fornecidas por sacerdotisas do templo e cabelos, penteados com pentes de osso, presos com flores, para enfeitarem aquilo que não precisava de embelezamento. A túnica era tão transparente que se podiam ver as curvas de seu corpo generoso.

O sumo sacerdote a recebeu como se fosse uma deusa vinda do Duat. Foi cortês, gentil e amável. Acumulou-a de presentes e mandou que os escravos a servissem como se fosse uma das esposas principais do faraó Amenemhet III.

A noite foi perfeita. O vinho doce mas forte fez seu trabalho junto a Sarai, relaxando-a para o bote final do sacerdote. A comi-

70 | A SAGA DOS CAPELINOS

da, as músicas tocadas por um harpista escondido em aposento contíguo, a luz e, finalmente, a forma gentil e delicada com que foi tratada por Seankhtaui fizeram com que Sarai se entregasse sem grandes dificuldades.

Mais tarde, no outro dia, refeita das emoções da véspera, recordando cada momento, ela chegou à conclusão de que fora a melhor coisa que lhe acontecera em toda a sua existência. Aquele homem, suave e cheiroso, banhado e perfumado, de mãos sedosas, quase feminis, a amara com tanto arrebatamento que a levou aos cumes do prazer.

Sarai tornar-se-ia amante deste homem que a fizera retirar de dentro de si o máximo de feminilidade possível. Avram passou a ser uma pálida imagem a importuná-la em certos acessos de moralismo, que, pouco a pouco, tornavam-se cada vez mais remotos e entressachados.

O absurdo da situação é facilmente inteligível. Um homem apaixonado, que ama e é amado, jamais colocaria sua esposa em tal posição. Entretanto, Avram não amava Sarai. Ela era apenas uma empregada doméstica mais qualificada. Os nômades precisavam liberar rapidamente as pessoas de suas tendas. Uma mulher era um peso, um fardo a ser carregado, nutrido e de baixo retorno, especialmente se fosse uma filha. Uma esposa era valiosa; podia cozinhar, lavar e remendar roupas, além de catar certos alimentos no mato e buscar água nos córregos. Servia também para gerar filhos, preferencialmente homens. Desse modo, após dez anos de casamento, um homem com três mulheres podia gerar mais de quinze filhos e formar, no decorrer dos evos, um poderoso clã. Ao alcançar os sessenta anos, teria mais de cem pessoas no seu grupo, e isso significava segurança e poder, principalmente entre os nômades.

Sarai, no entanto, demonstrava ser estéril; não engravidara desde que casara com Avram. Na realidade, ele não estava muito preocupado com filhos; o que desejava era poder, riqueza e reconhecimento social entre os mais ricos.

Sua viagem a Byblos foi um sucesso acima da expectativa. Avram precisava comprar matrizes e maréis. Um bom marel podia cobrir uma infinidade de matrizes, mas, após certo tempo, ele estaria cobrindo suas próprias filhas e netas, e assim iria depauperar a raça. Os terneiros nasceriam cada vez mais enfraquecidos e não atingiriam o peso ideal. Iriam necessitar de muito mais cuidados e apresentar uma mortalidade muito alta. Adquirindo um grande plantel de reprodutrizes e padreadores, Avram pretendia aumentar grandemente sua comercialização de animais. Chegara ao Kemet com perto de mil animais e não conseguira progredir além dos dois mil, já que tinha que vender os filhotes. Por outro lado, só tinha vinte padreadores, o que não era bom para efeitos de consanguinidade. Com a compra de duas mil matrizes e cem maréis, Avram tornar-se-ia o maior fornecedor da cidade. A viagem foi estafante, mas Avram conseguira voltar de Byblos a tempo para as grandes festas do Hetbenben, com suas matrizes e maréis.

On recebia, nas festas do benbennet – o misterioso cume rubro do benben –, mais de cem mil peregrinos, que vinham à cidade para fazer suas oferendas à barca de Rá e para verem e serem vistos pela alta sociedade do Kemet. O faraó, seguindo longa tradição, recebia o espírito de Rá, após vestir-se como Amon-Rá. On encheu-se de gente de todos os lugares do império, da Fenícia, da Síria, de Canaã, da Núbia, da Líbia, do Baixo e Alto Kemet. Os estrangeiros vinham mais para tratar dos assuntos de Estado e fazer bons negócios.

Na terceira noite, o sumo sacerdote convidou as principais autoridades do reino para assistirem ao culto secreto do benben, do qual somente os iniciados poderiam participar. Aos demais, seria facultada a estada no átrio monumental, onde seriam oferecidos acepipes diversos, com saborosos vinhos do Líbano e cervejas geladas, e vários grupos de dançarinos dariam um belo espetáculo.

Sarai, desde a volta do marido, só o vira uma única vez. Ela estava morando de forma definitiva no templo. Tornara-se amante oficial

72 | A Saga dos Capelinos

de Seankhtaui. Avram parecia não estar incomodado com essa situação, muito pelo contrário; estava tirando grandes proveitos dela. Desconfiava da situação, mas não se importava, já que adiara *sine die* diversos pagamentos a serem feitos ao templo com tolas desculpas, aceitas complacentemente por Seankhtaui. Por outro lado, Sarai tornara-se exímia amante. Aprendera com o sacerdote uma variedade de posições e inúmeras técnicas de dar e receber prazer, que a colocavam entre as mais bem reputadas cortesãs de seu tempo.

Avram foi convidado para a festa, muito mais por homenagem à sua meia-irmã do que ao seu *status* social. Chegou na hora marcada e ficou, ao fundo, em lugar demarcado pela sua posição social. Sarai aproximou-se dele e ambos, sem demonstrarem antipatia, ficaram juntos e trocaram dois dedos de prosa. A festa já tinha começado há certo tempo e os convidados estavam entretidos com um grupo de dança, quando, no final do número, entrou o faraó acompanhado de seu séquito e do sumo sacerdote. Estavam vindo da cerimônia secreta do benben.

O faraó Amenemhet III era um homem de sessenta e quatro anos, que se dedicara à construção e reconstrução de canais, o aterro de pântanos e à ampliação da agricultura e da pecuária. Infelizmente, sua vida particular não era tão feliz quanto a sua excelente e pacífica administração. Tinha uma série de esposas e concubinas que lhe proporcionavam o máximo em desentendimentos familiares. Esse era um dos problemas de ter se casado com meia-irmãs que achavam que tinham preferência sobre as demais.

Seu filho e herdeiro, que subiria ao trono como o quarto a portar o nome de Amenemhet, negligente, era casado com uma mulher terrível, sua meia-irmã, Sebekneferurê, uma serpente. Ela o envenenaria, subiria ao trono como faraó e faria um governo tão deplorável que daria fim à XII dinastia. Sebekneferurê também seria conhecida como Nefrusobk e Sebekkaré.

Amenemhet, por sua vez, era um homem ansioso por amor. Sentia-se só e circundado de pessoas nas quais não tinha confiança. Acreditava que era constantemente adulado por razões vis e mesquinhas pelos seus ministros, nobres e esposas. Gostaria de mudar o cerimonial que obrigava as pessoas a colocarem o seu rosto no chão para falarem com ele, mas os sacerdotes shem achavam que isso seria uma temeridade, podendo colocar em risco a segurança do reino. Os hierofantes diziam que, ao se curvarem e prostrarem-se ao solo onde ele pisava, estavam apenas reverenciando a figura divina, o filho de Amon-Rá, Hórus, o filho de Osíris, deus do outro mundo.

O faraó entrou lentamente no vasto átrio, enquanto todos se prostraram reverentemente, inclusive Avram e a bela Sarai. Após sentar-se numa magnífica cadeira, esculpida no melhor cedro do Líbano, Amenemhet ordenou que todos ficassem de pé. Foram trazidos, aos poucos, à sua presença, após ter sido servido vinho num copázio de ouro, cravejado de pedras preciosas, os convivas mais importantes. Subitamente, num relance, Amenemhet viu Sarai. Ela estava conversando, afastada, com Avram. Ela estava de perfil para o faraó, que pôde notar a proeminência dos seus seios, a fartura de seus quadris e a suavidade de seus traços. Foi um impacto fulminante no coração combalido do faraó. Terá sido amor ou apenas luxúria? De qualquer forma, quis conhecê-la imediatamente.

O faraó chamou um dos seus assistentes, que se encarregou de descobrir que ela era a meia-irmã de um pastor estrangeiro chamado Avram e que vivia no templo de On, como sacerdotisa convidada. O faraó chamou o sumo sacerdote e, em poucas palavras, disse-lhe o que desejava. Seankhtaui era um homem prático. Sabia que, se discutisse com Amenemhet, estaria conseguindo o mais perigoso inimigo, mesmo que o faraó tivesse fama de cordato. E, finório como só havia de ser, redarguiu:

– Hemef (Majestade), a bela Sarai é uma sacerdotisa do templo. Em vista de vosso interesse, podemos estudar uma forma para que ela possa ser substituída.

Amenemhet olhou-o com um sorriso nos lábios e perguntou-lhe:

74 | A Saga dos Capelinos

– Quanto isso irá custar-me?

– Uma bagatela, considerando a peça única, de beleza esplendorosa e de conhecimentos valiosos. O maior problema é o dote que vossa majestade deverá dar ao irmão.

– Abomino tratar de dinheiro. Veja quanto ele deseja, incluindo um estipêndio mensal para a moça em questão e um prêmio para o templo, pela perda da sua sacerdotisa. Não meça esforços, nem despesas.

O faraó era o dono de tudo no Kemet, especialmente depois que Amenenhet I e Senusret I exterminaram o poder dos heseps e centralizaram tudo em suas mãos de ferro. Portanto, um pouco mais ou um pouco menos para o gozo do monarca era bagatela a não ser considerada.

Mais difícil foi convencer Sarai a se tornar concubina do faraó e ir com ele para seu palácio em Hauara, do outro lado do Iterou, no lago Sheresy – os gregos batizariam o lago de 'Moeris', e a região de 'Fayum'. A bela revoltou-se e, se não fosse a atuação forte de Avram, ela não teria ido.

Para Avram, o que lhe fora proposto era uma fortuna incontável; daria para pagar o templo e sobrariam recursos para adquirir alguns escravos. Para o sumo sacerdote, os recursos eram de tal monta que o que foi dado a Avram era a quinta parte do que ele recebeu em joias, móveis e casas, quase todas arrestadas de inimigos do estado e incorporadas ao patrimônio faraônico.

A bela Sarai, por sua vez, além de levar sua escrava kemetense, Agar, receberia mensalmente o suficiente para viver sua velhice confortavelmente, além de uma casa bela e confortável, ao lado do palácio real, onde ela entreteria o faraó. Ele, prudentemente, não a desejava misturada com a camarilha real; era conhecedor do ambiente degradado de seu harém.

Antes de partir para Hauara, o faraó conheceu intimamente Sarai e viu que tinha feito um excelente negócio, porquanto jamais se sentira tão viril, entusiasmado e apaixonado como quando estava com a bela estrangeira. No outro dia, a caravana real partia de barco para o sul levando Sarai para seis anos de agradável convívio com um monarca extremamente espirituoso, afável e culto. Tratava Sarai ainda melhor do que o sumo sacerdote, não tendo, entretanto, os mesmos arroubos sexuais, mas o que fazia deixava-a satisfeita.

Avram nunca fora chamado para visitá-la; durante os seis anos em que Sarai viveu com o faraó, ele não a viu, até que um dia ele foi chamado ao templo de On pelo sumo sacerdote, que desejava falar com ele urgentemente.

– Quero que você seja honesto pelo seu deus. Sarai é sua esposa ou sua irmã?

Avram sentiu na voz do sumo sacerdote o perigo. O homem estava pasmado. Sua voz traduzia uma forte ansiedade. Seria a hora de mentir ou de ganhar tempo, questionava-se Avram.

– Por que você me pergunta algo que já sabe?

Avram respondera de forma lacônica. Sua resposta podia receber várias interpretações. Seankhtaui ainda não sabia se ela era de fato esposa de Avram e pela resposta nada de conclusivo lhe havia sido dito. O sumo sacerdote colocou a mão na cabeça e disse:

– Então, só pode ser um embuste para desestabilizar-me.

– Meu amigo, o que foi que lhe aconteceu?

Avram era sincero. Se o sumo sacerdote fosse trocado por outro, como esse iria se comportar com ele? Cobraria as antigas dívidas que foram perdoadas na época da venda de Sarai, ou mandaria arrestar seu rebanho para pagamento?

Seankhtaui sentou-se, serviu-se abundantemente de vinho e bebeu quase tudo de uma talagada. Passou a mão na cabeça tonsurada para retirar o suor que lhe empapava a testa e a calva, mostrou o vinho para Avram num convite para servir-se, o que ele fez preocupado e vagarosamente, enquanto o outro começava a falar.

– Sarai conquistou o coração e a mente de Amenemhet de tal maneira que ele passou a viver mais na sua casa do que no palácio. Lá, naquele antro de víboras, as mulheres do faraó passaram a açular os ministros e o tati para que derribassem o rei, entroni-

76 | A Saga dos Capelinos

zando seu filho. Nada conseguiram, mas o rei vem sofrendo de grave moléstia; as mulheres voltaram à carga, especialmente a filha do faraó, casada com o sucessor do trono. Sebekneferurê é sagaz, age como um chacal – que Anubis me perdoe –, vomita insídias e destila veneno como uma naja – que a deusa naja Uadjit seja condescendente comigo.

Avram, acomodado em almofadas, as quais preferia aos móveis, que julgava incômodos, escutava atentamente a narrativa.

– Deste modo, Sebekneferurê foi até o templo de Amon-Rá em Ipet-Isout, aquele poço de devassidão que ousam chamar de santuário, e conseguiu, mediante sabe-se lá que artifícios, que alguma pitonisa vaticinasse contra sua irmã e você mesmo.

Avram olhou estarrecido para o sumo sacerdote.

– É, meu amigo, até você está envolvido nesse fementido episódio. Dizem que Sarai é sua mulher e que, por causa desse grave crime – o de ter relações com uma mulher casada –, os deuses atacaram o faraó com uma rara doença, que o faz defecar sangue, emagrecer a olhos vistos e prosterná-lo de fraqueza. Dizem que você é um terrível bruxo, cujo deus de vingança que você tanto alardeia dominou a mente de nosso faraó, e que eu – pasme a cadela Mainat que carrega as almas dos réprobos ao inferno –, sou seu sectário, tendo transformado esse templo de esperança num covil de ladrões e oportunistas.

Havia lógica no fato de o templo de Amon-Rá em Ipet-Isout querer desmoralizar o templo da ave benu em On, já que esse último recebia muito mais gente do que o templo de Ouaset. Destruir Sarai era uma atitude tipicamente feminina de acabar com a concorrência, mas atacá-lo, ele, Avram, não tinha lógica.

– Por isso, volto a lhe perguntar se você algum dia conheceu intimamente sua irmã.

Avram coçou a barba. Não era hora mais de mentir. Tanto ele como o sumo sacerdote estavam metidos na mesma enrascada.

Os Patriarcas de Yahveh | 77

– Serei seu confidente. Ela é minha legítima esposa, dada pelo meu pai. Ela realmente é minha meia-irmã, filha do mesmo pai, só que de mãe diferente. Conheci sua intimidade por diversas vezes.

– Por Herichef, por que não me disse isso logo?

– Tive medo de que não faria o empréstimo. Pensei que mandaria me matar.

O sumo sacerdote olhou para o teto, como se procurasse a resposta, e, sem o que dizer, olhou consternado para Avram, que lhe perguntou:

– Grande Seankhtaui, como soube de tudo isso?

– Avram, tenho espiões em todos os templos, nos palácios dos reis e dos nobres, e até mesmo entre os pastores ricos da cidade. Nada me escapa. Tudo sei. Fui informado por um monge amigo do templo de Amon-Rá. Estranho que eu saiba de tudo e que, mesmo assim, você me tenha enganado com tamanha facilidade. Que ironia, eu, o homem mais bem-informado do reino, ser enganado por um simples pastor de ovelhas!

Avram já estava senhor de seus nervos. Estivera tenso no início da conversa, mas agora era ele que se sentia mais calmo.

– Quando soube disso?

– Há poucos instantes.

– Será que a víbora já chegou em Itj-Towy?

– Provavelmente, sim.

– Então, só me resta uma coisa a fazer. Ir até lá, tirar Sarai das garras de Sebekneferurê e sair do país.

– E você irá para onde?

– Para onde Yahveh, meu deus, levar-me.

Dizendo isto, Avram levantou-se, despediu-se de forma apressada e partiu celeremente.

Levou quase meia hora para chegar ao seu acampamento, que já era portentoso, pois havia cerca de seiscentas tendas espalhadas por quase um quilômetro, com dezoito mil cabeças de rebanho, mil e poucos pastores e duas mil pessoas entre mulheres e crianças.

78 | A Saga dos Capelinos

Foi à procura de Lot e juntos foram até a tenda de Eliezer, que já estava dormindo. O damasceno foi acordado no meio da noite, mas não estava de todo aborrecido por ter sido retirado do seu sono.

Em poucos minutos, Avram explicou a situação e deu as ordens:

– Na primeira hora da manhã, Eliezer e Lot levantarão acampamento, dirigindo-se para Tjel, na entrada do deserto de Sur. Andarão lentamente; não quero que os terneiros morram, as matrizes sofram e os padreadores fiquem estressados. Os homens mais fortes deverão ser divididos em dois grupos. Um irá na frente com Eliezer, que conhece o caminho, e o outro defenderá a retaguarda sob o comando de Lot. Eu estou indo buscar Sarai e levarei comigo dois dos mais fortes guerreiros. Depois de fazer o que devo fazer, me encontrarei com vocês em Tjel.

– Não vá, meu tio. Sarai não merece esse devotamento de sua parte.

A história que corria era que Sarai o havia abandonado para ser a concubina do faraó. Somente o sumo sacerdote e ele conheciam a verdade.

– Cale-se, Lot. Não julgue o que não conhece. Saiba que Yahveh ordenou-me que assim procedesse; portanto, irei buscar minha mulher sem discutir.

Avram fez uma pequena pausa e disse:

– Em Tjel, vocês me esperarão por quinze dias. Se eu não chegar nesse tempo, dividam entre si o rebanho e os homens. Um partirá para o sudoeste e o outro, para o nordeste. Ficarão apartados um do outro para que o rebanho não se misture e não advenham sérias contendas por causa dos animais. Manterão contato, para que um defenda o outro, no caso de acontecer algo grave ou algum ataque externo. No caso de minha morte, você, Eliezer de Damasco, será meu herdeiro, já que me ajudou a construir o que tenho hoje. Tenho dito e partirei agora para Hauara com meus dois guarda-costas.

Avram saiu da tenda e sumiu na escuridão. De manhã, junto com seus dois guerreiros, tomaram um barco em On e subiram o Iterou em direção a Ouaset. No final da tarde, atracaram em Menefer, onde se alimentaram e repousaram. No segundo dia, compraram três camelos e seguiram os poucos quilômetros no lombo dos animais até Itj-Towy, de onde o magnifico palácio de Hauara podia ser visto.

O faraó estava muito doente, praticamente em estado agonizante. Já não estava indo mais para a casa de Sarai. A sua filha, Sebekneferurê, chegara na véspera, tendo contado a todos no palácio o que descobrira no templo de Amon-Rá em Ipet-Isout. A maioria não prestava atenção à víbora. De que adiantavam intrigas palacianas se todos sabiam que o faraó, que reinara por cinquenta anos, estava à morte? Com isso, parte do plano de acabar com a pretensa influência de Sarai na corte acabaria junto com a morte do pai.

Foi fácil encontrar a casa de Sarai. Era uma mansão opulenta, com guardas à porta, quase em frente ao grande palácio de Hauara. Avram não teve dificuldades em entrar, ao ser anunciado como irmão de Sarai. Ela o recebeu com certo distanciamento. Avram procurou levá-la para um aposento escondido para que pudessem falar sem serem molestados. Em poucas palavras, Avram contou o risco que Sarai corria, e ela lhe confirmou parte de suas suspeitas de que o faraó estava à morte e realmente existia muito ódio contra ela no palácio.

– Pensei que jamais iria vê-lo de novo – disse Sarai, num rompante de ternura.

Avram olhou-a e sorriu, meio sem jeito.

– Por que veio me buscar? – Sarai perguntou, esperando um mínimo de carinho do marido.

– Jamais deixaria você em perigo. Você foi colocada em minhas mãos por nosso pai.

Se era por obrigação que Avram vinha buscá-la, pensou Sarai, que seja então, concluiu, resignada. Deu ordens a Agar e mais duas escravas núbias para empacotarem tudo. Sarai era uma mulher riquíssima. Não poderia vender a casa, visto que pertencia ao faraó. Entretanto, o que tinha era suficiente para viver às largas em qual-

80 | A Saga dos Capelinos

quer lugar do Kemet. Mas agora, com a iminente morte do monarca e a ascensão ao trono de seu filho, cuja primeira esposa era sua mortal inimiga, permanecer naquelas terras seria um suicídio.

Na estrebaria da casa, havia dois burricos que serviram muito bem para carregarem quatro baús cheios de joias, roupas, utensílios domésticos importantes e raros, e alguns pedaços de ouro, prata e marfim. Sarai ordenou a dois escravos que montassem uma carroça com dois fortes bois para tracioná-la e mandou colocar nela vários outros baús que continham mais roupas, pratos de ouro e prata, e alguns pertences pessoais. Ela pretendia ir montada na carroça com Agar.

No início da tarde, o grupo movimentou-se sobre camelos e burricos para fora de Itj-Towy. Com sorte, chegariam no início da noite à aldeia de Hira, onde poderiam dormir e de lá seguir viagem no outro dia, de barco, até On. Em um dia, estariam de volta ao Hetbenben, onde tomariam mais alguns camelos e burricos que os esperavam, podendo chegar em Tjel no terceiro dia de viagem.

Tudo correu como previsto. Avram, seus dois guarda-costas, Sarai e suas três escravas alcançaram o grande grupo em Tjel, como combinado. A partir daquele ponto, começava o forno do deserto de Sur.

Avram, Eliseu e Lot abraçaram-se como se não se vissem há muitos anos. No outro dia partiram para Canaã. Uma nova fase da aventura de Avram iria iniciar-se. O Kemet o fizera riquíssimo e agora poderia usar o poder que a riqueza lhe conferira para estabelecer-se num local próprio.

Capítulo 3

O grande grupo dirigiu-se inicialmente para Betel, onde já estivera alguns anos antes; aproveitou para descansar por dois dias e retomou a caminhada. Quinze dias depois, após andar quase trezentos quilômetros, a caravana chegou ao seu destino. Havia vários grupos de cananeus e outro povo com características parecidas, chamado ferezeu, que logo antipatizou com Avram. Os chefes fortemente armados com alguns guerreiros postaram-se perto do acampamento e foram convidados a entrar, mas não aceitaram. Exigiam a presença do chefe, e Avram, com mais de quinhentos guerreiros, que também eram pastores, foi ter com eles.

A discussão foi tensa. Avram notou que teria que tomar aquela terra à força ou então retroceder. Pensou bem e discutiu o assunto com Eliezer e Lot, após terem tido a reunião com os chefes cananeus da região.

– Para ficarmos aqui, teremos que lutar. Eles, além de serem em número superior a nós, poderão nos atacar à noite, tomando nossas ovelhas. É preferível retrocedermos até Quiriat-Arbé, que é uma área menos populosa do que esta.

Assim foi feito. Foram doadas cem cabeças de ovelhas para os cananeus e o grupo começou a voltar pelo caminho que viera até Quiriat-Arbé, que seria mais tarde chamada de Hebron.

O caminho para Quiriat-Arbé foi repleto de problemas. Houve acidentes fatais, uma briga entre dois homens por causa de uma mulher e, finalmente, quando o rebanho alcançou uma pequena lagoa, os pastores começaram a discutir e brigar pelo direito de beberem primeiro. Realmente, quem bebesse depois encontraria a água turva, imprópria para o consumo.

Avram chamou Eliezer e Lot. Discutiram a situação e decidiram:

– Somos demais para ficarmos juntos. Lot, você já é adulto; cumprindo as ordens de meu pai, Tareh, você se apartará com metade de tudo, inclusive famílias. Escolha para onde quer ir, pois ficarei aqui em Quiriat-Arbé.

Os anos que passara no Kemet fizeram de Lot um homem maduro. Ele havia se casado com uma bela kemetense, que aceitara a fé em Yahveh, e tinha duas filhas belas como o raio da lua. Ele era absolutamente alucinado pela mulher, sendo monógamo por opção.

– Meu tio, deixarei vocês pela manhã para seguir em direção ao rio Jordão, onde espero encontrar uma terra que me seja generosa. Assim que tiver estabelecido, mandarei informá-lo do local.

No outro dia, cerca de três mil cabeças de rebanho foram separadas de forma aleatória e pouco menos de quinhentas famílias se juntaram a Lot e sua mulher. Tomaram o caminho para o sudoeste, em direção ao Jordão e ao vale de Sidim, onde existia o mar salgado, também chamado de mar Morto.

Cinco dias depois, Lot alcançou o local, contornou lentamente o mar Morto e desceu em direção ao sul, estabelecendo-se perto da cidade de Sodoma, onde foi bem aceito pelo rei, já que Lot era riquíssimo. O local era aprazível, um pouco quente por causa do vento que vinha do deserto de Negeb. Sodoma não era muito lon-

Os Patriarcas de Yahveh | 83

ge da pequena aldeia de Gomorra. Lot enviou um mensageiro ao seu tio Avram para informar-lhe que estava bem e localizado em Sodoma. O tio, ao receber a mensagem, mandou erigir uma estela e matou um carneiro em louvor a Yahveh. A paz reinava entre os descendentes de Tareh.

Avram, ao se instalar em Quiriat-Arbé, procurou logo os principais mandatários da região. Encontrou três chefes de clãs que dominavam a região. Eram Aner, Escol e Mambré, originários de tribos cananeias; suas greis eram formadas por agricultores e pequenos rebanhos. As terras não eram extremamente férteis, mas eram mais do que suficientes para apascentar as ovelhas de Avram. Ao se fixar em Quiriat-Arbé, ele fez um acordo com os três clãs para que se protegessem mutuamente e que não houvesse estado de beligerância entre eles. Foi estabelecido um pagamento anual de uma parte da safra e do rebanho para cada um deles. Isto viria a gerar tributos comuns que seriam destinados à defesa contra bandidos e tribos inimigas.

Os anos correram quietamente, vendo ovelhas e crianças nascendo, o sol causticar aquela terra e as nuvens semearem a chuva mansamente nos vales de Canaã. Os cinco anos que se passaram desde a precipitada saída do Kemet fizeram ver também outros fatos. Avram, com trinta e seis anos, ainda não tinha filhos e não mantinha mais relações sexuais com Sarai. Literalmente, viviam como irmãos.

Avram sempre fora calmo em matéria de mulheres. Vivera com Sarai, mantendo conjunções carnais em que chegava ao clímax com rápidos movimentos. Depois, durante o tempo em que sua esposa tornara-se a favorita do faraó, ele mantivera raros e fortuitos casos com mulheres do Kemet. Com a volta de Sarai, ele se abstivera de tocá-la e se interessara por Agar. Mas, como ela era a escrava da esposa, não ousara dirigir-lhe a palavra ou aproximar-se dela. Temia ser repudiado e, se havia algo que o enervava ao extremo, era ser repudiado.

84 | A Saga dos Capelinos

A mulher observara que o marido não a procurava, demonstrando inusitado interesse pela escrava kemetense. Desse modo, Sarai resolveu oferecer Agar ao marido, até como uma forma de contentá-lo. Numa noite, Sarai entrou na tenda do marido, trazendo Agar pela mão. A escrava estava esplendidamente vestida, mostrando mais do que escondendo; com um sorriso envergonhado, vinha dócil e solícita. Sarai, cordial e muito afável, falou com um surpreso Avram.

– Não sei por que razão não consigo ter filhos, mesmo os querendo muito. Desse modo, pensei que seria uma grande bênção do nosso deus Yahveh se você pudesse gerar um filho em Agar, minha escrava, e, por intermédio dela, eu me tornaria mãe. Você me faria esse imenso favor?

Avram, tonto e aturdido com a proposta, meneou a cabeça positivamente um tanto aparvalhado, enquanto Sarai saía da tenda, deixando Agar em pé, à disposição do homem. Ele não se mexeu. Estava por demais assombrado para agir. Então, Agar aproximou-se dele e sensualmente ofereceu-se para ele. Aos poucos foi passando a mão no peito de Avram, descendo até o baixo ventre. Avram despertou de seu estupor e acariciou-a demoradamente, como nunca tinha feito com Sarai. Depois de um certo tempo, ele a possuiu febrilmente, chegando rapidamente ao clímax. Avram sofria de ejaculação precoce e acreditava que isso era normal, pois não conhecia a extensão do seu mal.

Durante meses, Agar tornou-se a verdadeira mulher de Avram, dormindo o tempo todo em sua tenda. Sarai, no entanto, não estava satisfeita com esse novo arranjo. Ela queria instigar Avram para que ele a procurasse e seu ardil não dera certo. Imaginara que, ao levar Agar para satisfazê-lo, ele a procuraria para alguma forma de entendimento e, desse modo, poderia seduzi-lo. Contudo, Avram dormia com Agar e não a procurava.

Agar engravidou de Avram e comunicou o fato a Sarai. Desse modo, ela, astuta, combinou com Agar que não deveria ir mais à tenda de Avram, para forçá-lo a procurá-la. E, quando assim o fizesse, deveria dizer que fora proibida de fazê-lo por Sarai; já estava grávida e não poderia mais submeter-se aos desejos de Avram, sob o risco de perder a criança.

Avram estranhou que Agar não o procurasse e mandou que um dos seus servos a buscasse. Agar mandou falar aquilo que Sarai combinara. Assim que soube que ia ser pai, Avram esqueceu-se dela e exultou com o fato. Nada podia ser mais agradável para um homem do que mostrar aos demais que era viripotente, podendo gerar filhos como os demais. Alguns meses depois, Avram colocaria o filho Ismael nos braços.

Durante todos os seis primeiros anos passados em Canaã, Avram administrara sua riqueza, repartindo-a com seus principais aliados e colaboradores. A cidade de Quiriat-Arbé, mesmo tendo um rei próprio, era, na realidade, de Avram, tamanha a sua riqueza e influência. Cada dia crescia mais a devoção de Avram por Yahveh, mesmo que, em seu coração, ele se ressentisse do fato de não ter tido filhos. A chegada de Ismael o fez sentir-se recompensado pela longa espera por um rebento.

Avram tinha trinta e sete anos quando uma guerra eclodiu de forma nefasta e terrível. Naquele tempo, as terras de Canaã estavam sob o jugo do faraó. Não era, no entanto, um jugo severo com guardas armados do Kemet em permanente vigília, achacando o povo e recolhendo impostos vultuosos. A dominação do Kemet não tinha alcançado a sofisticação que os romanos iriam impor no futuro. Os kemetenses haviam conquistado a Cananeia, que não era um país, uma nação, e sim, uma colcha de retalhos de pequenos reinos independentes, que faziam alianças eventuais e as rompiam de acordo com o sabor dos novos acontecimentos. Os kemetenses colocaram governadores que comandavam as principais cidades e cobravam impostos delas. Os poderosos de uma cidade, os reis locais, cobravam impostos de outras cidades com as quais tinham alianças e, por serem mais poderosos, as dominavam. Com essa forma engenhosa, os kemetenses recolhiam grandes somas sem grandes esforços.

86 | A Saga dos Capelinos

Os babilônios eram dados a reides, nas quais pilhavam a região na busca de escravos, joias e utensílios que pudessem enriquecer os líderes guerreiros com os butins de guerra. Amarpal, pai de Hamurabi, enviou um dos seus generais, Codorlaomor, que era também um dos seus reis tributários, para cobrar os tributos da região oriental do rio Jordão. Amarpal sabia que o lado ocidental estava sob o domínio kemetense e ele não acreditava ser suficientemente forte para enfrentar os soldados das Duas Terras. Preferia, pois, fazer um ataque para se fortalecer e ampliar futuramente seus poderes.

Naqueles tempos, alguns tributários da banda oriental do Jordão, incluindo as cidades de Sodoma e Gomorra, não estavam pagando tributos, nem aos kemetenses e nem aos amoritas. Desse modo, Codorlaomor, com a aquiescência de Amarpal, atacou a região. Ele enfrentou os refains, em Astarot-Carnaim, grupo pequeno e mal-armado, e os destroçou sem grandes dificuldades. Continuando sua marcha, atacou e destruiu os zusins, em Ham, emboscou os emins, na planície de Cariataim, e, finalmente, os horreus, um povo um pouco mais aguerrido, nos sopés da montanha de Seir. Perseguidos até El-Farã, próximo do deserto, os remanescentes penetraram a terra árida; somente nesse momento os amoritas desistiram de segui-los.

Os babilônios preferiram dar a volta e subir para o norte, já no território comandado pelos kemetenses, e atacaram os amalecitas, em Kadesh-Barnea, e os amorreus, em Asason-Tamar. Depois dessas vitórias fáceis, eles se dirigiram ao mar Morto e entraram no vale de Sidim. Os reis de Sodoma e Gomorra, cientes de sua vinda, uniram-se, colocando-se em defesa de suas cidades.

O vale de Sidim era o fundo de uma atividade vulcânica. Várias salsas-ardentes, que eram verdadeiras bocas de onde saíam betume e gases, e vários gêiseres espocavam, tornando o lugar inadequado para um combate a céu aberto. Os soldados de Sodoma e Gomorra foram facilmente derrotados e os seus reis jogados vivos nos poços de betume quente, que afloravam à superfície. Tiveram uma morte horrível. As cidades de Sodoma e Gomorra foram pilhadas

Os Patriarcas de Yahveh | 87

e muitas pessoas foram aprisionadas, inclusive Lot, sua mulher e suas duas filhas, além de dois mil habitantes de ambas as cidades. Lot, como era rico, foi levado para pleitearem um resgate fidalgal.

Um dos pastores de Lot fugiu e, indo até Quiriat-Arbé, avisou Avram do ocorrido. Imediatamente ele chamou seus aliados e explicou-lhes a situação, mas, sabendo que eles não iriam à guerra apenas para resgatar um parente de Avram, propôs que ficassem com tudo o que pudessem recuperar do butim de guerra dos amoritas. Nesse caso, seus aliados, Aner, Escol e Mambré, este último o irmão mais velho e chefe do clã, reuniram dois mil e quatrocentos guerreiros, aos quais Avram juntou mais de setecentos pastores habituados a se defenderem e a lutarem por suas vidas.

O grupo era bastante expressivo, pois Mambré tinha mandado chamar amigos entre os remanescentes dos amalecitas de Kadesh--Barnea, amorreus em Tamar e hurritas em Gaza. Todos vieram dispostos a enriquecer com os despojos dos amoritas. O grupo de amoritas – babilônios – chegava a cinco mil homens, bem-armados, treinados e motivados. Depois do saque de Sodoma, os amoritas partiram para o norte em direção a Damasco, onde pretendiam descansar, dividir a pilhagem e, depois, partir para a Babilônia. Estavam indo lentamente, pois agora tinham carroças cheias de joias, rebanho, homens, mulheres e velhos, aprisionados e amarrados, para que não fugissem, e, para completar, estavam cansados de uma campanha que já durava mais de um mês.

No primeiro dia, Avram reuniu-se com Mambré e seus irmãos, e, diplomaticamente, conduziu uma conversa que foi importante para o desenrolar da guerra.

– Meu aliado e irmão Mambré, devemos eleger você o nosso chefe-geral, já que foi você quem trouxe o maior número de homens e aliados. Entretanto, gostaria de saber quem será o seu general para que pudéssemos traçar um plano de guerra imediatamente.

Mambré e seus irmãos eram homens ricos, reis e príncipes locais, que não estavam acostumados a lutar. Não iriam querer co-

88 | A Saga dos Capelinos

mandar os homens na luta, mas, como Mambré fora eleito o chefe-geral, a sua face estava salva.

– Você será o meu general – disse Mambré, cheio de empáfia.

Avram curvou-se, repleto de mesuras e falsa humildade. Lembrando-se das técnicas dos hurritas, sobre as quais tantas vezes escutara nas fogueiras de Haran, Avram dividiu seus homens em grupos de trinta e colocou um chefe para cada uma dessas falanges. Os grupos foram divididos de forma aleatória, não seguindo nenhum padrão especial. Puseram-se em marcha, andando muito mais rápido do que os amoritas, que nesse momento estavam chegando perto de Dã, nas nascentes do Jordão.

Avram, estimando o ponto em que deveriam estar, cortou caminho, saindo de Quiriat-Arbé, indo por Betel, Siquém, Jesrael, Hazor e Quadesh, alcançando Dã em cinco dias de marcha rápida, cobrindo duzentos e trinta quilômetros.

O exército amorita iria acampar entre as rochas das colinas, perto das nascentes, onde os pequenos córregos se formavam. A água pura e fresca iria desalterar a sede dos homens naqueles dias quentes de julho. Avram investigou pessoalmente o local e viu que era ideal para uma emboscada. As várias pedras do local, junto com os pequenos vales e grotões, eram próprias para assaltar a tropa, obrigando os guerreiros a se separarem.

Como Avram se movimentara rapidamente, os amoritas ainda não tinham chegado àquele local. Os vigias de Avram avisaram que os amoritas estavam a caminho, devendo chegar no final da tarde, e que provavelmente iriam descansar perto dos regatos. Seria nesse local que ele armaria sua emboscada.

Os amoritas chegaram no final da tarde. Eles dividiram sua tropa para se ocuparem de diversos trabalhos. Uns passaram algum tempo armando as barracas dos chefes, enquanto outro grupo foi buscar água no riacho. Alguns poucos se dedicaram a alimentar os animais. Ocupavam uma área bastante grande, especialmente por causa dos prisioneiros – quase dez mil pessoas – e das carroças, quase trezentas, repletas de joias, ouro, móveis preciosos e roupas de tecidos exóticos.

Avram deu ordem para que o ataque se concentrasse às cinco horas da manhã, quando o sol ainda estava para se levantar. Ele dividiu sua tropa em três grupos. O primeiro, não mais do que cem homens, atacaria a frente do acampamento. Obviamente que cem homens não poderiam fazer frente a cinco mil amoritas; portanto, assim que fizessem bastante barulho, deveriam recuar, correndo como loucos, para atrair o grosso dos amoritas para uma emboscada, num movimento tipicamente hurrita que Avram escutara os soldados se gabarem de terem feito. Os amoritas, ainda sonolentos e meio lerdos pela noite dormida ao relento, deveriam cair, sem maiores embargos, na tocaia que Avram armara. Os cem homens atrairiam os amoritas para dentro de uma ravina, onde seriam atacados pelo segundo grupo de homens. Eles deveriam empregar flechas e lanças – nada de combates corpo a corpo ou lutas singulares – até que recuassem ou fossem dizimados.

Nesse ínterim, quando os amoritas saíssem para atacar os cem audaciosos, um outro grupo atacaria as tendas dos chefes e do comandante Codorlaomor. A intenção era infligir-lhe um ferimento fatal. Com essa tática, Avram distribuiu os grupos, explicou o que desejava, escolheu dois comandantes dos chefes de falanges e aprontaram-se para o ataque matinal.

O ataque saiu melhor do que esperavam, pois os amoritas, ainda sonolentos, saíram atrás dos cem atacantes com ganas de matá-los. Caíram na cilada com rara felicidade, pois as flechas arremessadas contra eles atingiram o alvo com maestria. Os pastores, além de saberem apascentar o rebanho, eram bons caçadores, sempre somando alguma carne de animal selvático à sua nem sempre tão farta mesa. Desse modo, as flechas foram cravar-se nas carnes amoritas sem armaduras, ferindo de morte muitas centenas.

Nesse momento, enquanto um grande grupo de amoritas estava sob uma chuva de flechas, lanças e dardos, Avram lançou-se

90 | A Saga dos Capelinos

contra a tenda de Codorlaomor, junto com seus setecentos homens. O combate no campo amorita foi rápido, pois, por sorte, o general saiu de sua tenda, sem nada entender, e foi abatido de modo fulminante por uma clava de um dos pastores de Avram. Os amoritas, ao verem que seu chefe fora morto e estava estendido no chão com a cabeça aberta e os miolos esparramados na terra, largaram suas armas e fugiram espavoridos. Por algumas centenas de metros, os homens de Avram perseguiram os fugitivos, conseguindo matar mais alguns e aprisionar outro tanto. Alguns babilônios conseguiram fugir, mas tiveram que deixar os feridos e os mortos no terreno, além de todo o butim que haviam amealhado durante a campanha.

Avram voltou para Sodoma, junto com seu sobrinho Lot, sua mulher e filhas e mais todos os habitantes que haviam sido feito prisioneiros e que seriam vendidos como escravos. Quando chegaram ao vale de Savé, o novo rei de Sodoma, junto com Melquisedeque, um ancião, sacerdote de grande sabedoria e fama da localidade, que vivia em Shalaim, cidade-fortaleza que tomaria o nome de Ierushalaim no futuro, foi encontrá-los e festejaram a recuperação das pessoas e dos despojos. Melquisedeque era o suserano da região e todos tinham que lhe pagar impostos. Parte dos impostos recolhidos ele enviava ao faraó do Kemet. E assim fez Avram para continuar nas boas graças do ancião, que tinha uma forte tropa de cananeus em sua cidade-fortaleza.

O novo rei, um jovem, filho do antigo, humildemente pediu que devolvessem somente os homens e as mulheres e que ficassem com os despojos; entretanto, Avram negou-se em ficar com todo o butim, devolvendo um terço, a parte que lhe cabia, porém, astutamente, ficou com grande parte das ovelhas e do rebanho bovino que fora recapturado aos amoritas. Afora isso, ficou com duzentos escravos amoritas, que vendeu posteriormente aos kemetenses por excelente preço, passando a ter grande lucro na empreitada.

Os Patriarcas de Yahveh | 91

Avram cumpriu a palavra com Mambré, deixando para ele o grosso do butim, o que consolidou ainda mais a amizade entre eles. Lot recebeu uma pequena parte de suas ovelhas, o suficiente para recomeçar sua fortuna. Era hora agora de retornar ao acampamento principal e festejarem a vitória sobre os inimigos amoritas.

O retorno às tendas foi amplamente festejado. Até mesmo a distante Sarai demonstrou uma exultação que comoveu Avram. Todos vieram recebê-lo de forma alegre; somente aqueles que perderam algum parente estavam tristes. A alegria da vitória os tinha deixado felizes, a ponto de esquecerem os amargurados com a perda de seus guerreiros.

Sarai recebeu Avram como jamais o fizera. Ela demonstrou carinho, respeito e devoção. Duas noites depois da chegada triunfal, Avram recebeu a visita de Sarai e de suas duas escravas. Elas traziam uma larga tina de cobre, água em profusão e essências raras do oriente. Avram estranhou a visita e, antes mesmo que pudesse dizer algo, Sarai falou:

– De nada adianta suas lamúrias; hoje você vai tomar banho.

Avram quase teve uma síncope. Um banho? Uma coisa totalmente fora de propósito para nômades como eles que viviam em tendas. Isso era coisa daqueles kemetenses efeminados e de mulheres ricas que nada tinham a fazer, de acordo com a concepção de Avram. Contudo, nem suas esquivas e nem suas tentativas de evadir-se resultaram em sucesso. Ele teve que tirar a roupa perante as três mulheres e entrar na água fria.

O primeiro impacto com a água não foi agradável. Seu corpo recendia um cheiro acre de quem não se banhava por muito tempo. Havia crostas de sujeiras, especialmente nas costas, nas pernas e nos pés. As virilhas e axilas trescalavam aromas nauseabundos e extremamente ativos, o que demostrava patentemente que o homem não tinha hábitos higiênicos. As mulheres, docemente, começaram uma verdadeira faxina. Enquanto uma esfregava uma espécie de pedra-pomes nas côdeas, outra colocava líquidos balsâ-

92 | A Saga dos Capelinos

micos, levemente oleosos, que facilitavam a retirada das espessas placas de imundície, que estavam impregnadas por meses no corpo de Avram.

Durante mais de meia hora, as moças trabalharam esfregando o corpo, retirando a sujeira. Por duas vezes, Avram saiu da grande tina para que trocassem a água. Na última vez, o líquido já não saiu barrento, permitindo antever que a atividade teria êxito. Nesse instante, Sarai, que também ajudara lavando as partes mais íntimas, pediu para que Avram deitasse em confortáveis coxins que mandara trazer, onde lhe esfregaria óleos aromáticos, cortaria parte dos seus revoltos cabelos e apararia, cuidadosamente, sua desgrenhada barba. Avram, enlevado, com o corpo exsudando odores mais civilizados, deitou-se de frente, pondo-se a observar Sarai a trabalhar.

Ela dispensara as duas ajudantes que saíram risonhas, levando consigo os utensílios não mais necessários. Com cuidado, Sarai cortou inicialmente os longos cabelos encaracolados, ainda negros, mas com pequenas mechas brancas, e depois aparou-lhe a barba. Pegou os óleos e suavemente passou entre os cabelos e barba, penteando-os com os dedos. Avram nunca fora tratado com tamanho cuidado e esmero. Fechara os olhos de prazer, deliciando-se com os dedos macios e longos, suaves e ágeis da mulher. Terminada essa parte, que não tomou mais do que vinte minutos, Sarai iniciou uma longa e repousante massagem no corpo do musculoso varão. Encetou suas atividades pelas pernas do marido e foi subindo pelas suas coxas. Avram, cativado, estava excitado, porém fazia força para controlar-se.

Passados alguns instantes, Sarai colocou o dedo em riste na sua boca, em sinal de silêncio, e recomeçou sua faina. Lentamente, durante mais de quinze minutos, tendo colocado Avram de costas, massageou seu dorso, sempre colocando óleos finos para fazer os dedos deslizarem com cuidado. Passou as mãos lambuzadas de fragrâncias pelas costas de Avram, que estranhou e quis se virar.

Sarai foi firme com ele e mandou-o ficar quieto, no que foi obedecida de forma relutante. Quando sentiu que ele estava pronto, virou-o e observou com cuidado.

Sarai era uma mulher de razoável experiência, tendo tido dois amantes. Seankhtaui, o sumo sacerdote, engenhoso e hábil amásio, a ensinara quase tudo o que sabia. Entre os seus conhecimentos, aprendera como controlar um homem com ejaculação precoce. Desse modo, quando Sarai viu que Avram estava excitado, praticamente pronto para ejacular, ela começou a adotar várias técnicas que houvera aprendido para que o homem pudesse dominar-se.

Obviamente que, numa única vez, Sarai não o havia curado, mas, em seus retornos seguintes à cama de Avram, ela foi capaz de, aos poucos, com calma e carinho, transformá-lo num amante bastante capacitado a também dar prazer a uma mulher. Com essas modificações que surgiram em sua existência, Sarai e Avram tornar-se-iam cada vez mais próximos um do outro, iniciando um amor que nunca é tardio para começar entre dois seres tão díspares.

Sarai era um espírito capelino em fase final de redenção. Muito mais sagaz do que Avram, tolerara-o, no início do casamento, odiara-o quando foi empurrada para os braços de Seankhtaui, desprezara-o quando fora vilmente vendida ao velho faraó, espantara-se com sua audácia e coragem em resgatá-la em Itj-Towy e admirara-o devido à forma como fizera tamanha riqueza e tornara-se um respeitado rei-pastor. Por outro lado, ainda não o amava, mas já o respeitava como homem, o que era um bom início para o verdadeiro amor.

Avram numa certa noite sonhou: Sansavi como Yahveh aproximou-se e intuiu-lhe que um grande cataclismo estava para acontecer. O próprio Sansavi fora advertido por um dos espíritos que trabalhavam na falange dos elementais da terra de que este fato estava para acontecer.

– Ouça minha voz, Avram. Uma grande desgraça está para acontecer nas terras de Canaã.

O espírito adormecido de Avram, questionou-o:

94 | A SAGA DOS CAPELINOS

– Grande Yahveh, que desgraça é esta que cairá na minha casa?

– Não cairá na sua casa, e sim na casa de Lot e seus amigos.

Avram colocou as mãos na cabeça e caiu de joelho em atitude típica dos desesperados, com uma dramaticidade característica dos orientais.

– Oh! Grande Yahveh, salve-os. Não permita que caia sobre eles vossa fúria.

Sansavi sabia que não era hora de explicar que não havia fúria divina, apenas um fenômeno telúrico, previsível para os espíritos do astral superior. Avram, desdobrado como estava, não teria intelecto suficiente para entender estes aspectos complexos da vida espiritual. Portanto, Sansavi foi direto ao assunto.

– Caberá a você salvá-los. Mande imediatamente um mensageiro a Lot e avise que a terra tremerá, devendo engolir as cidades de Sodoma e Gomorra. Diga a Lot que peça a todos os habitantes de Sodoma e Gomorra que saiam imediatamente, indo para as terras mais altas, pois as águas do mar Morto poderão devastar aquelas regiões. Não há tempo para perder. Acorde e aja.

Avram acordou sobressaltado. Seu corpo suava em bicas. Seus olhos quase saíam das órbitas, devido ao medo da fúria de Yahveh. Lembrava-se vagamente do sonho e o comando final do deus estava claro em sua mente: diga a Lot para sair de Sodoma com todos os seus.

Passava um pouco da meia-noite e o acampamento estava dormindo. Avram vestiu uma túnica caseira e saiu para a noite fria de inverno. Entrou na tenda de Shymon, um homem forte, robusto como um touro, e conhecido por ser um corredor portentoso, conseguindo recuperar onagros fugidos. Ele estava dormindo sob grossas cobertas, com sua mulher e dois filhos pequenos.

Avram o acordou intempestivamente e mandou que se vestisse rapidamente. O homem, meio sonolento, obedeceu, enquanto Avram o esperava do lado de fora da tenda. Assim que saiu, o chefe explicou o que devia fazer e que partisse velozmente para Sodoma.

Entre Quiriat-Arbé e Sodoma havia uma distância de quarenta quilômetros a ser percorrida, subindo e descendo por vales e morros nem sempre suaves. Shymon correu durante a noite de forma compassada e constante. Após quatro horas, ele chegou a Sodoma, indo procurar Lot. Já há muito que Lot esquecera as tendas, preferindo viver em confortável casa. Seu rebanho e seus pastores ficavam estacionados a alguns quilômetros de Sodoma, entre essa e a aldeia de Gomorra.

Avram nunca gostara de nenhuma das duas aldeias, pois dizia que não se podia esperar nada dos jabuseus, pois todos eram cananeus. Ao dar ordens a Shymon, disse que somente Lot e seus amigos e pastores deviam ser avisados da fúria de Yahveh. Ninguém mais. Para Avram, as cidades de Gomorra e Sodoma representavam o mal, pois cultuavam Baal e Moloch, deuses que exigiam, vez por outra, sacrifícios humanos.

Shymon contou para Lot, palavra por palavra, o que Avram mandara falar. Yahveh, furioso com os povos de Sodoma e Gomorra, iria destruir as duas cidades. Lot e seus familiares deveriam fugir dali e se esconder em de Segor, que ficava num ponto mais elevado.

Lot acreditava piamente em Avram. Já havia visto predições do tio se realizarem sem nenhuma margem de erro. Não era hora de duvidar. Se Yahveh estava enfurecido, não era o momento de discutir os porquês ou os comos. Lot chamou seus amigos, mandou sua mulher arrumar tudo e juntou suas duas filhas. Em poucos minutos, todos estavam em volta de Lot, que repetiu o que Avram falara. Naturalmente, ninguém, afora Lot, nem mesmo a mulher dele, aceitou a palavra de Yahveh. Era um absurdo acreditar que um deus desconhecido fosse ser mais forte do que Baal, El ou Moloch! Enquanto ficaram conversando e debatendo, Lot deu uma ordem direta e objetiva para sua mulher para se apressarem. Chamando dois servos, mandou aprontarem duas carroças e mais três burricos para levarem tudo o que era de valor.

96 | A Saga dos Capelinos

A mulher, contrariada, arrumou tudo, especialmente as joias, enquanto a história espalhava-se pela cidade. Sodoma era uma aldeia de oito mil habitantes e sua irmã Gomorra, a pouco mais de dois quilômetros abaixo, era levemente menor. Muitos habitantes de Sodoma, mesmo não sendo amigos de Lot, procuraram-no para entenderem o que estava se passando. Ele explicava que Yahveh, um deus desconhecido dos presentes, estava furioso com eles – não se sabia a razão – e iria destruir a cidade. Era mais do que natural que os presentes ficassem enraivecidos com Lot. Quem era esse deus audacioso e insolente que ousava atacar os prosélitos de Baal? Que poder colérico esse deus desconhecido tem? Será ele um deus ou um demônio?

Lot começou a ficar com medo da reação da turba. Ele sabia que, desde o início, era um estrangeiro mal-aceito. Sua situação em Sodoma melhorara um pouco desde que se implantara, mas havia muito gente que dizia que Avram enriquecera ilicitamente com os despojos de guerra que tomara dos exércitos de Codorlaomor. Lot, por ser sobrinho do usurpador, era tão culpado quanto ele, quanto mais por que jamais fazia sacrifícios para El e Moloch, não se curvando perante o ídolo de Baal. Um herege! Agora, vinha com essa conversa alucinante de que um deus – como é mesmo o nome dele? – estava para destruir a cidade. Risível!

Lot saiu pelos fundos enquanto a turba reunia-se na frente da casa, discutindo sandices e toleimas, esbravejando e amaldiçoando Lot e os seus. A mulher de Lot, apressada em sair, acabou por esquecer, em esconderijo bem guardado dentro de casa, um belíssimo colar de ouro e pedras preciosas. Todos saíram ligeiros, percutindo fortemente nos animais, acelerando-lhes a marcha, agora mais para fugir da fúria do populacho do que da pretensa sanha homicida de Yahveh. Lot aceitara a sugestão de Avram de irem para uma aldeia vizinha de Segor, porquanto ela ficava num plano mais elevado do que o restante do vale.

Sodoma e Gomorra estavam situadas numa espécie de depressão do terreno que parecia um vale. Na realidade, há sessenta mil anos fora o local de um vulcão. O que era o mar Morto havia sido a larga boca do vulcão, de paredes pouco altas, cuja cratera podia alcançar de seis a sete quilômetros de diâmetro. Com o final das erupções vulcânicas, o rio Jordão passou a despejar toneladas de água que fizeram dele um grande lago. O calor ambiente e a enorme salinização das terras por onde passava o rio fizeram daquele o lago de maior salinidade do mundo. Naquele tempo, o mar Morto era levemente menor, parando nas suaves encostas, que logo após davam para a depressão onde estavam situadas Sodoma e Gomorra. O que separava o mar das cidades irmãs era um pequena encosta, que formava um dique natural.

Lot estava subindo as encostas em direção ao norte para a aldeia de Segor, que ficava perto. Quando ele estava quase saindo do vale, a sua mulher lembrou-se do colar e resolveu ir buscá-lo. Como ela sabia que o marido não a deixaria ir, esgueirou-se para fora do grupo e retornou a Sodoma, que estava a menos de dois quilômetros. Quando já tinha percorrido mais da metade do caminho, ouviu-se um estranho rugir. Os animais, que estavam indóceis desde a manhã, começaram a dar sinais de terror. Os burricos escoicearam, ameaçaram morder os tratadores e, subitamente, dispararam colina acima sem que ninguém pudesse segurá-los. Os carneiros, que tinham sido retirados às pressas dos apriscos e levados para fora do vale, mugiam aterrorizados. Os animais pressentiam a grave catástrofe.

Subitamente, o chão começou a ondear como se fosse um mar. Um barulho ensurdecedor ouviu-se em toda a parte. Um pequeno tremor foi seguido de grandes ondulações do chão. Novos estrondos, e a caravana, que alcançara o topo da elevação, caiu derribada pela força do terremoto. Lot e os seus estavam completamente pávidos. Nessa hora, uma das filhas viu a mãe no meio do vale e gritou por ela, que se destacava com seu vestido avermelhado sobre a

98 | A Saga dos Capelinos

relva verde. Tinha caído com a força dos primeiros tremores. Lot, então, a viu e quis ir até ela, mas foi impedido pelos seus homens.

Uma nova vaga de tremores começou a acontecer. Durante três minutos, a terra tremeu de forma extremamente forte, parando vez por outra, enquanto parecia descansar. Durante o tempo inteiro, a terra rangia e um som sepulcral, grosso, cavo e indistinto parecia vir do fundo. Subitamente, houve uma explosão de estarrecer e, como se a tampa de uma panela fosse subitamente retirada, um jorro de gazes subiu da terra, perto das encostas que separava o mar Morto do vale onde estavam Sodoma e Gomorra. Misturou-se com poeira e terra, e subiu às alturas. Lot e os demais sentiram cheiro de enxofre e de gases estranhos, como se tivessem vindo diretamente da fornalha do inferno. A fina camada que separava o mar Morto da depressão fora rompida, e a água, seguindo seu curso natural, fluiu para dentro do vale. No princípio, a água encontrou o vulcão de lama, a salsa-ardente, e transformou-se em vapor, elevando ainda mais os jorros extraordinários que saíam das inúmeras pequenas crateras.

A mulher de Lot parecia estar chumbada no chão pela força dos tremores e pelo pavor das explosões. Ela estava coberta pelas cinzas do vulcão, provavelmente morta ou gravemente queimada e parecia uma estátua de cinzas ou de sal. Sodoma e Gomorra tinham se transformado num monte de pedras e ruínas, soterrando todos os que ainda permaneciam na cidade. Com a explosão e os gases que subiam, poucos podiam movimentar-se. Finalmente, a água fez o seu derradeiro serviço. Tendo finalmente vencido a encosta que fora derrubada e as pequenas crateras, a água do mar Morto avançou rapidamente sobre o vale, engolfando tudo e todos, num abraço mortal.

Lot, horrorizado, viu quando o corpo da mulher foi arrastado pela fúria das águas até que desapareceu no torvelinho do novo e ampliado mar Morto. Sodoma e Gomorra foram destruídas num átimo. Ficou completamente aturdido com a morte da esposa, que ele adorava acima de tudo. Grande era a fúria de Yahveh!

Avram, em Quiriat-Arbé, sentiu o chão tremer, e ele tremeu forte em toda a região. Assustado, Avram dirigiu-se para uma colina. Com o peito amargurado, viu a grossa coluna de gases do vulcão subindo aos céus. Não teve dúvidas. Yahveh havia punido o povo de Sodoma e Gomorra. Não existia mais nada naquele local.

Dois dias depois, Lot, completamente encanecido, melancólico, pungido, alcançava Quiriat-Arbé com seu rebanho, amigos, pastores e duas jovens filhas, ainda donzelas. Vinha ver o tio e prestar homenagens a Yahveh, o grande deus, que o havia poupado. Avram recebeu-o com carinho. A terra, contudo, já não estava mais boa para pastagem. As cinzas vulcânicas, trazidas pelos ventos, haviam coberto os verdes campos com um manto esbranquiçado. Era preciso sair daquele lugar com o rebanho, indo em direção às pastagens verdejantes nas terras dos hurritas. Mais uma vez, o rebanho de Lot, em muito menor número, unia-se com o de Avram, e ambos dirigiram-se novamente para perto do deserto de Sur.

Seu grande rebanho e seus pastores, agora novamente fundidos e sob a égide de Avram, já que Lot andava atoleimado desde a morte da sua mulher, deslocaram-se lentamente, passando por Kadesh-Barnea e localizando-se perto de Gerara. Como sempre fazia quando chegava em localidade estranha, Avram dirigiu-se ao chefe do lugar. Descobriu que o rei de Gerara, uma pequena cidade de oito mil habitantes, chamava-se Abimelec e tentou prestar suas homenagens ao monarca local.

No momento em que Avram e seu pequeno cortejo de homens iam entrar na casa real, uma mansão bastante ampla e guarnecida, foram informados de que o rei saíra para caçar e só voltaria dentro de alguns dias. Não havia data certa para seu retorno. Avram, portanto, voltou para o acampamento, esperando que aquilo tudo não lhe trouxesse maiores complicações. Sempre era desagradável pastar o rebanho na terra de outrem sem sua permissão, pois podiam pedir uma indenização. A discussão do arrendamento de pastagem era cansativa e demorada, e, algumas vezes, motivo de corrimento de sangue.

100 | A Saga dos Capelinos

Quando chegou ao acampamento, viu que estava em polvorosa. As duas escravas de Sarai corriam esbaforidas em sua direção. Estavam tão aturdidas, não falando coisa com coisa, que foi preciso um par de gritos de Avram para que se acalmassem e falassem o que havia acontecido. Uma delas, a mais velha, começou a dissertar:

– Quando chegamos a esse local, minha senhora Sarai desejou banhar-se no córrego que passa aqui próximo. Dessa forma, levamos os utensílios e essências, e subimos o córrego para não sermos vistas pelos pastores nem nos banharmos em água turva pelo rebanho.

A escrava fez uma pausa; agora ela era importante para Avram, que estava se roendo em angústia.

– E daí? – perguntou Avram irritado.

– Bem, meu senhor. Estávamos todas nuas tomando banho quando chegou um grupo de homens desconhecidos e levaram minha senhora com eles.

– Quem eram?

– Não sabemos. Porém, um dos homens disse que a minha senhora seria uma grande presa para seu rei.

Então, Sarai fora sequestrada por homens do rei de Gerara. Avram, se isso tivesse acontecido algum tempo atrás, pediria um pagamento alto por sua irmã e deixaria o caso resolvido. Agora a situação mudara, Sarai não era mais uma esposa arranjada pelo seu pai. Ela era o seu amor; a razão de sua existência. Rei nenhum a levaria embora e a usaria como uma simples escrava.

Com o sangue a lhe subir à cabeça, Avram reuniu sua tropa – mais de setecentos pastores que tinham demonstrado ser bons guerreiros – e dirigiu-se a Gerara.

Nesse ínterim, os homens de Abimelec levavam Sarai ao encontro do rei. Ela havia se vestido com suas roupas e, ainda molhada, andava cabisbaixa. Chegaram, após duas horas de andanças, a um acampamento de caça, onde o rei estava repousando. Sarai lhe foi trazida à presença e Abimelec a questionou:

Os Patriarcas de Yahveh | 101

– Quem é você e o que faz nas minhas terras?

Sarai estava com medo de ser tomada como uma qualquer e ser incorporada ao grupo de escravos. Por outro lado, se dissesse que era esposa de um homem rico, proprietário de um imenso rebanho, poderia colocar todo o grupo do marido em perigo. Aquele desconhecido monarca provincial, de caráter ignoto, poderia querer cobrar alto tributo ou resgate. Já se dissesse que era irmã de um pastor, mesmo que importante, todos viveriam; o rei tentaria fazer alguma aliança com Avram para obter as boas graças da irmã.

– Sou irmã de Avram, que é pastor de ovelhas de Quiriat-Arbé, que, desde a destruição de Sodoma e Gomorra pela ira do Senhor Yahveh, deslocou seu rebanho para suas terras.

Abimelec olhou-a atentamente. Era uma mulher de trinta e poucos anos, de beleza jamais vista por ele. O monarca não era um rude campesino, proprietário de terras, e que só tinha interesses concupiscentes. Pelo contrário, era um fidalgo, de trato gentil, capelino de procedência, em fase final de recuperação. Era um típico gentil-homem da época, embora circundado de boçais e beócios. Vendo que se tratava de mulher de fino trato, imediatamente destacou duas escravas, uma tenda e farta alimentação. Despediu-se dizendo:

– Iremos à procura de seu irmão para discutirmos com ele a sua volta. Enquanto isto, considere-se minha hóspede e, desde já, peço-lhe que releve as atitudes bruscas e indelicadas dos meus soldados. São bons homens, mas não sabem reconhecer uma rainha quando a veem.

Despediu-se de Sarai e saiu apressado com seus amigos à procura do pastor. Preferia encontrá-lo imediatamente a esperar que fosse encontrado. Avram não era totalmente desconhecido e, desde a guerra contra os amoritas, sua fama circulava a região.

Sem muita dificuldade, as duas forças se encontraram na planície onde estava situada Gerara. Avram, cautelosamente, levantou a destra em sinal de paz.

102 | A Saga dos Capelinos

– Sou Avram ben Tareh. Minha mulher foi raptada por seus homens e está sob sua guarda.

O rei estranhou.

– Mas ela me falou que era sua irmã!?

– Como de fato. Somos meio-irmãos por parte de pai; entretanto, ela é minha mulher de fato e de direito. Gostaria de saber qual será o resgate que o grande rei irá me cobrar.

Abimelec, sagaz e previdente, aproximou-se de Avram e disse-lhe, em tom baixo, para que os outros nada ouvissem.

– Avram, você pretende estabelecer-se nesta região?

– Esta era minha intenção. Fui inclusive procurá-lo para discutir seus termos, mas o senhor não se encontrava em seu palácio.

Avram tratava o rei com respeito, mas seu cenho fechado mostrava que estava disposto a qualquer coisa para reaver sua mulher.

– Ótimo! – exclamou o rei. – Estamos precisando de mais gente e bem mais empreendedora do que os que aqui habitam. Você é bem-vindo e, quanto a sua irmã e esposa, desejo reparar um grave erro. Meus homens a raptaram, mas não a molestaram, assim como eu não ousei tocá-la antes de saber quem era e quanto me custaria. Este lamentável incidente deve ser esquecido e para que selemos nossa amizade e sua definitiva permanência aqui em Gerara, irei devolvê-la sã e salva. Aceita fazer esta aliança comigo?

Avram estava estupefato. Yahveh tinha que estar com ele. Recuperara Sarai sem ter que lutar, sem nenhum resgate. Só lhe restou aceitar. Naquela noite, para selarem a aliança, Abimelec devolveu Sarai, junto com um maravilhoso colar de ouro e prata, magnificamente trabalhado, duas caixas de marfim ricamente entalhadas e um tecido magnífico que ela jamais vira, tendo vindo de um lugar tão distante que a caravana levara um ano para chegar, por uma via denominada de Estrada da Seda, devido ao nome daquele tecido.

Avram mandou matar trinta terneiros que foram assados e servidos junto com trigo sarraceno, uma espécie de cuscus delicioso, regado a vinhos finos do Líbano e cervejas do Kemet. Todos come-

Os Patriarcas de Yahveh | 103

ram e beberam. Abimelec demonstrou durante o repasto que era um homem elegante e trouxe também suas esposas e as apresentou a Avram. Para agradar o rei, Avram deu presentes finos para as três mulheres do monarca. Com a felicidade estampada nos rostos, Abimelec e Avram selaram seu acordo de paz.

Naquela noite, Avram e Sarai tomaram real consciência de que estavam apaixonados um pelo outro. Até então, ela conseguira melhorar o desempenho sexual dele, mas não havia mais nada do que amizade e atração sensual. Quando voltaram a se encontrar, dentro da tenda de Avram, eles trocaram juras de amor como nunca tinham feito antes. Abriram seus corações profundamente, como poucos casais já o tinham feito. Não dormiram naquele noite, pois a possibilidade de perder um ao outro fez com que sentimentos profundos, que nunca tinham sido sequer conscientizados, despertassem e possibilitassem um entendimento harmonioso.

Avram, desta forma, após o frutuoso acordo com Abimelec, instalou-se na terra de uma das tribos de hurritas, que haviam migrado para Canaã.

Avram, mesmo tomando banho uma vez ou outra, para agradar Sarai, continuava tendo os mesmos hábitos higiênicos, não lavando seu pênis após as relações sexuais. Numa certa manhã, observou que sua glande estava intumescida e muito dolorida. Uma secreção esbranquiçada estava em volta de seu membro e ele ficou muito assustado com tal fato. Eliezer, além de ser o braço-direito de Avram, sendo seu dileto amigo e confidente, também era uma espécie de médico, usando ervas medicinais para curar certas feridas e dores estomacais. Vinha há muito tempo preocupado com um problema que afetava o prepúcio dos homens. Muitos pastores haviam tido infecções que os levaram à morte, devido à sujeira que se infiltrava entre a glande e a pele que a recobre. Os homens eram ignorantes e sujos, mantendo relações sexuais com mulheres menstruadas, e, mesmo assim, não se lavavam depois do ato. O sangue e outros sucos físicos ficavam ali expostos até que se deterioravam, o que causava inflamações sérias.

104 | A Saga dos Capelinos

Avram o chamou para que fosse tratado e, após as devidas lavagens e emplastros de ervas medicinais, Eliezer expôs sua opinião.

– Sabe, caro Avram, o ideal seria cortar o prepúcio dos homens, especialmente dos recém-nascidos, pois com essa medida evitar-se-iam consequências funestas futuras.

Ora, naqueles dias, o fervor religioso de Avram era tanto que, para ele, tudo era obra de Yahveh. Súbito e de forma intuitiva, decidiu-se por mandar cortar o prepúcio de todos os seus, inclusive o seu próprio e o de Eliezer.

– Acho sua ideia perfeita, mas devemos fazer isso com um propósito maior. Temos que fazer deste ato uma forma de adoração a Yahveh. Devemos ligar este fato sangrento a uma espécie de pacto que fazemos com o nosso deus, como uma marca de que fazemos parte de seu rebanho.

– Como assim, mestre?

– Ora, meu caro Eliezer, tudo deve ser feito para maior glória de Deus. Desde a menor das coisas até as obras mais fabulosas devem visar à satisfação desse Pai que nos vela do céu.

Eliezer coçou sua barba. Nunca tinha pensado nisso. Acreditava em Yahveh mesmo sem tê-lo visto, apenas porque via os resultados em Avram. Conhecia-o desde que saíra de Haran, quando ainda arguía com Tareh. Naquele tempo, o jovem Sarug era impulsivo e destemperado. Via nele agora um homem tocado pela graça dos deuses. Ficara rico e poderoso. Suas propriedades espalhavam-se por Canaã e os reis o recebiam com deferência só sobrepujada quando recebiam o faraó em suas raras vindas a Byblos, seus domínios preferidos, devido ao cedro, madeira nobre.

– Só não entendo como faremos para associar um problema de saúde a uma situação religiosa.

– Não separe as coisas. Tudo pertence a Deus. Não há nada que não lhe seja abrangente.

– Mas, mestre Avram, estamos falando dos órgãos sexuais dos homens!

– Nada mais justo. Quem fez os homens senão Deus? Obviamente colocou neles pênis, assim como preferiu outra coisa para as mulheres. Não há nada de errado em sexo e amor. São coisas que Deus determinou. Ele não iria deliberar algo errado. Concorda?

Eliezer meneou, um pouco contrariado, sua cabeça e redarguiu.

– Se Deus fez tudo, por que razão fez o prepúcio, sabendo que poderia infeccionar e matar os homens?

– Ora, meu amigo, não é o prepúcio que é o culpado da infecção, e sim, os homens que não se lavam.

– Lá vem você com essas histórias de banho novamente. Você aprendeu isso com Agar, a kemetense.

– Não só com ela, como com Sarai, que viveu no Kemet também. A limpeza do corpo é muito salutar.

As mulheres haviam mudado a mentalidade de Avram. Agora era adepto do banho, mas sem muitos exageros, preferindo tomá-los no verão e abstendo-se no frio invernal. Eliezer fez uma careta de desagrado e Avram riu de seu amigo, que desprezava o banho.

– De qualquer forma, Eliezer, sua ideia de cortar o prepúcio é ótima. Usaremos isso como símbolo da aliança que Deus fez conosco.

Eliezer, um capelino, arguto e um pouco safardana, comentou quase consigo mesmo:

– Deus poderia ter escolhido um símbolo menos sangrento.

Avram, que o escutou, replicou com humor:

– Deus não escolhe símbolos. O homem, sim. A Deus, o que vale são os sinais que o coração humano externa. Já para o homem valem símbolos que atinjam seu coração. Nada melhor do que um pênis para simbolizar a aliança com um deus másculo e viril como Yahveh.

Eliezer respirou fundo e disse, resignado:

– Que assim seja!

Os dias que se seguiram foram de muita dor. Avram instituiu a circuncisão obrigatória para todos os seus pastores e os filhos. Houve poucos casos de fugas; alguns não queriam ser colocados à postectomia forçada. No entanto, a maioria aceitou, relutante-

106 | A Saga dos Capelinos

mente. Avram, ele mesmo, foi um dos primeiros e sangrou abundantemente até que conseguiram estancar a falorragia. Dois dias depois, ele já estava andando sem problemas. Dizem que o arcanjo Raphael, em pessoa, viera curá-lo. Um óbvio exagero! O sucesso desse processo ficou restrito aos seus pastores e sua descendência, já que os cananeus não quiseram se submeter aos processos postectômicos profiláticos de Avram.

Dias depois desses fatos, Avram dormiu de tarde, depois de um lauto almoço, e Sansavi, seguindo os conselhos de Orofiel, lhe falou com sua voz tonitruante:

– Avram, farei uma aliança contigo e com todo o teu povo. Eu te darei todas essas terras e a todos os teus descendentes, de tal forma que tu irás te tornar o pai de muitas nações. A partir de hoje, tu serás chamado de Avraham e tua mulher de Sara, ao invés de Sarai. Eu a farei ter um filho, um único filho, que lhe custará a vida, diminuindo em muito seus dias. Com esse filho seguirás os novos costumes e tu o circuncidarás, pois muito me agradou tal prática. Usarei este ato de sangue para selar minha aliança contigo e teu povo. Com a circuncisão, saberei quem me ama e quem me repudia.

Sansavi aproveitara sua influência sobre Avram para que ele implementasse uma medida profilática por meio de uma prática religiosa, como, aliás, faria inúmeras vezes, no futuro.

Avram, assim que acordou, chamou todos e contou o sonho e as ordens de Yahveh.

Todo recém-nascido do sexo masculino deveria ter o prepúcio cortado no oitavo dia de vida, conforme os novos costumes instituídos. Seria o *brit milá*, o pacto da circuncisão. Determinou que deveriam chamá-lo de 'Avraham' – grande pai – e que 'Sara' – princesa, no idioma dos cananeus – seria o novo nome de sua esposa.

Os pastores e suas mulheres estavam mais do que cientes do poder de Avram. Ele não vaticinara a destruição de Sodoma e Gomorra? Yahveh não enviara seus exércitos para destruir aquele lugar de perdição e maldade? Ele não havia avisado previamente ao eleito Avram para que retirasse Lot e sua família? O povo rústico e inculto aceitou as ordens sem sequer questioná-las.

– Como Avraham poderá ser pai de povos se só teve um único filho, Ismael, que agora está com três anos de idade? – perguntavam seus poucos detratores.

– Este é um dos grandes mistérios que só Yahveh pode decifrar – respondiam seus seguidores.

Sara acolheu a ideia de trocar de nome como mais uma excentricidade do marido. Se ele queria, por que não? Uma extravagância a mais ou menos, pouco lhe importava, enquanto Avraham continuasse o amante devotado e o marido amoroso.

Agar, sua escrava, tinha um filho dele, o que, agora, parecia incomodá-la. Até então, o menino tinha sido criado pelas mulheres como se fosse filho de duas mães. Mas, agora, Sara queria um filho seu, como nunca desejara anteriormente. Desde pequena, Sara sonhara com um filho que pudesse ser a alegria dos seus dias, mas o destino não lhe fora favorável. No início, imaginara que poderia suprir a falta de amor do marido com filhos e eles não vieram. Depois, pensou em ter um filho do faraó para fortalecer sua posição na corte e também para alegrar os dias monótonos e vazios enquanto esperava que Amenemhet se dignasse vir à sua casa.

O tempo passara e Sara já estava com trinta e cinco anos e nada acontecera. Numa época em que as pessoas tinham filho aos quatorze anos e aos trinta já eram consideradas velhas, vindo a morrer aos quarenta, a idade de Sara comprovava que já não teria mais filhos. Todos a consideravam velha para isso.

• • •

Sara havia sido, em existência pregressa, uma bela mulher do Kemet. Nascera pobre em Ouaset e a miséria do pai felá não lhe agradava. Ela cresceu vendo os nobres e ricos vivendo em casas maravilhosas, usando roupas e joias, enquanto ela vegetava numa

108 | A Saga dos Capelinos

choça abominável, cuidando dos irmãos menores. Quando atingiu a idade de casar, por volta dos doze anos, seu pai resolveu vendê-la a um homem velho, desdentado, quase calvo, que a apreciou como se fosse uma mercadoria.

Ela ficou profundamente revoltada com tal situação e, desesperada, refugiou-se no templo de Ipet Isout, que ficava do outro lado da cidade. Ela mesmo não sabia como havia parado naquele lugar. Saiu de casa, atordoada, com a cabeça a pensar inúmeras possibilidades, inclusive o suicídio. O templo não tinha atingido as proporções gigantescas que alcançaria no futuro, mas já era um local grande e atraente.

A infeliz mocinha adentrou e circulou livremente, atraída pelos afrescos que enchiam as paredes, as estátuas colossais dos deuses com cabeça de animal, até que foi parada por um sacerdote. Ela já era bela, mas ainda adolescente e mal cuidada. Seus cabelos, um tanto revoltos, não emolduravam o rosto como deviam; os trapos que usava mostravam mais do que escondiam.

O sacerdote havia vindo em sua direção para repreendê-la. O lugar não era próprio para mendicância. Ela devia ficar do lado de fora se quisesse receber óbolos. O sacerdote ao vê-la de perto mudou de ideia. Logo percebeu pelas primeiras palavras que a gentil moça não estava ali para mendigar, mas que havia fugido de algum destino que lhe desagradara. Viu na menina um brilho nos olhos todo especial, um quê sensual e na postura de seu corpo despontando para a vida, uma volúpia de arrebatar qualquer mortal.

Ele a levou para o interior do templo, chamou uma das sacerdotisas e mandou prepará-la. A mulher, com gentileza, ordenou que serviçais do templo lhe dessem banho, cortassem seus cabelos, tentando colocar um pouco de ordem naquela rebeldia capilar, e a vestissem com roupa adequada. Tudo foi providenciado conforme as ordens, e a moça ficou bela e ainda mais desejável.

O templo de Ipet Isout havia se tornado um antro de depravações. Com o intuito de favorecer o deus Amon, os sacerdotes tinham uma corte de lindas moças, as quais usavam para seus próprios prazeres sexuais. As orgias com finalidade religiosa, como preconizavam, eram diárias e desregradas. O templo era rico e nada lhe faltava. Tudo ali era em profusão: comida feita com esmero e em quantidades superlativas, roupas finas e variadas, joias de beleza exótica e extravagante, baixelas e utensílios os mais variados.

Tanik, a bela fugitiva de doze anos, foi introduzida ao sexo, naquela mesma noite. Com a promessa de que ficaria homiziada no templo, ela cedeu aos caprichos do sacerdote. Apreciou cada instante e o sexo passou a ser mais uma de suas armas. Já era inteligente o suficiente para manipular as sacerdotisas e, quando descobriu que fascinava os homens, passou a usar o desejo sensual para obter tudo que desejava. Para tanto, não teve pejo de se submeter a todos os caprichos dos sacerdotes, desde os mais banais até os mais exóticos, que envolviam sexo grupal e outras depravações do gênero.

Havia, contudo, uma situação que os sacerdotes toleravam mal: a gravidez. Para eles, uma mulher grávida era uma complicação. Eles não podiam se dar o luxo de ter crianças correndo pelo templo, sem saber quem era o pai, e atrapalhando suas atividades 'religiosas'. Sim porque a desfaçatez humana não tem limites. Com a escusa de que o deus Amon, um deus lúbrico por excelência, precisava que seus desejos sensuais fossem satisfeitos, eles, os sacerdotes, 'possuídos' pelo deus, se davam a todas as luxúrias, a todas as voluptuosidades e a todas as depravações para satisfazer o insaciável neter.

Tanik conheceu rapidamente as regras do jogo: nunca ficar grávida. Se ficasse, a rua seria o caminho mais rápido. Ela não queria e não podia voltar para sua casa. A miséria lhe seria intolerável. Estava feliz com seu novo arranjo. Tinha um dormitório só seu, conseguido à custa de muitas noites em claro, satisfazendo a lascívia dos sacerdotes. Haviam lhe dado uma escrava que atendia a

110 | A Saga dos Capelinos

todos os seus desejos. Em suma, roupas, joias, baixelas, móveis finos e trabalhados, tudo para que vivesse em conforto e disponibilidade para atender aos desejos do deus Amon.

A gravidez veio, indesejada, como um fantasma negro a lhe rondar a existência. Era preciso exorcizar este demônio, e o caminho mais rápido foi o aborto. E ele seria praticado em número tão elevado, que qualquer menção seria considerada exagero. No início, com sua constituição forte, ela aguentava bem as intermináveis sangraduras e as dores. Com o passar dos anos, a quantidade de abortos lhe depauperaram o organismo, tornando-a magra, sem viço, sem forças e quase sempre indisposta.

Ela havia passado de uma ninfeta, bela e desejável, para uma mulher cansada, esgotada pela quantidade de abortos feitos e doente pelo ritmo de vida que levava. As noites de luxúria, de paixão, de troca incessante de parceiros sexuais a haviam levado, precocemente, com dezoito anos, a um estado físico lastimável. Com a mesma velocidade que havia ingressado no templo, ela foi expulsa, sem direito a levar nada, nem a roupa do corpo. Enfiaram-lhe uma túnica andrajosa e os guardas a enxotaram com rudeza, sem nenhuma consideração pelos anos de devotado serviço a Amon.

Tanik se via na rua, com dores no corpo, sem ter para onde ir. Voltou para casa paterna para descobrir que lá também não era bem-vinda. Só lhe restava a prostituição nas ruas, por qualquer preço, a troco de um prato de comida. Mesmo isso, seu corpo, cada dia mais magro, já não tolerava mais.

Os meses se passaram e a morte adveio por septicemia. As condições rudes de sua existência, o trabalho pesado por um prato de comida e a falta de um teto lhe trouxeram um definhamento constante, até que os vírus e bactérias fizeram seu trabalho, levando uma simples infecção a se espalhar pelo corpo até liquidá-lo. Triste sina de uma capelina!

Renasceu após um século de tormentos morais no astral inferior. Agora iria desejar um filho, que lhe fora vetado pelos supe-

Os Patriarcas de Yahveh | 111

riores. Sua constituição astral abalada pelo número exagerado de abortos lhe impediria qualquer tentativa de procriar. Ela teria que passar agora por uma forma de prostituição velada, contra a sua vontade, para caminhar para a remissão. Dependendo de suas atitudes, ela poderia voltar a ter filhos em próximo renascimento. No entanto, os espíritos superiores, cientes do esforço de Sara em sua reabilitação moral e da necessidade de Avram em ter uma descendência para continuar sua obra de proselitismo a Yahveh, resolveram alterar um pouco a situação. Sara teria seu tão desejado filho, mas lhe custaria caro. Ninguém fere a lei e fica impune.

• • •

Sara dormia na sua tenda quando três espíritos entraram. Um deles começou a dar passes longitudinais nela, cujo espírito logo desprendeu-se do corpo. Aproveitando o desprendimento do corpo, a levaram para conhecer o seu futuro filho, um espírito capelino parcialmente recuperado, mas com alguns débitos a serem quitados com a justiça divina. Enquanto isso, dois médicos e quatro enfermeiras espirituais estavam operando o corpo espiritual de Sara, pois era lá, nos centros de força da reprodução, que estava um nó górdio que obstaculizava qualquer renascimento. No corpo físico, esse nó, nos dois ovários, manifestava-se como um endurecimento que não permitia que os óvulos se formassem adequadamente. A equipe médica removeu os nós do corpo espiritual, massagearam o local onde deveriam estar os ovários bem formados e impregnaram de fluidos violetas toda aquela região.

Quinze dias depois, quando sobreveio a menstruação, Sara sangrou como nunca sangrara antes. O mesmo fato repetiu-se durante cinco menstruações, como se organismo estivesse expulsando de seu corpo tudo o que fora nocivo até aquele momento. A sexta menstruação não veio e ela ficou sem seu fluxo mensal por três meses, quando começou a notar as mudanças extraordinárias da

112 | A Saga dos Capelinos

gravidez: seios intumescidos e doloridos, início da dilatação do ventre e as indefectíveis náuseas. Sara estava grávida.

Detalhar a alegria de Sara e Avraham seria desnecessário, mas a felicidade só não foi completa porque a gestação foi complicada e cheia de peripécias, e não chegou a termo. Itzchak, o novo filho de Avraham, nasceu fraco, com sete meses. Ele teve enormes dificuldades respiratórias. Para complicar, Sara não tinha leite e tiveram dificuldades em encontrar uma ama de leite que de nada serviu, pois a criança não tinha força ou apetite para sugar o seio.

Agar, lembrando-se de um fato similar no Kemet entre filhos de consanguinidade muito próxima, mandou buscar uma cabra, tirou-lhe o leite, ferveu-o, esperou esfriar e, num pano limpo, molhou o precioso líquido, torceu a fazenda e pingou lentamente na boca do infante. Assim, a criança foi alimentada durante dez dias. Depois desse período, tornou-se mais forte e pôde ser levada aos seios de Sara, agora enormes e repletos de leite. Itzchak sugou com avidez, mas qualquer esforço o assoberbava, tornando-se lastimoso e ele parava de mamar. Revezaram as mamadas com a técnica do pano, o que funcionou até que ele alcançasse os três meses, quando começou a pegar o peito com um pouco mais de força e determinação.

Itzchak sobreviveu, o que trouxe alegria a toda a tribo. Avraham mandou matar carneiros e assá-los para que todos participassem de sua felicidade. O que Avraham não sabia era que Itzchak já havia sido seu filho mais querido quando ele fora Mokutreh. Ele fora um dos seus sucessores no seu vasto império. Também havia cometido chacinas terríveis que o levaram ao expurgo.

Sara ficara muito enfraquecida com a gravidez. O parto a fizera perder muito sangue, mais do que seria normal. Durante a amamentação, que durou mais de seis meses, Sara manteve-se forte, como se o ato produzisse, em seu organismo, uma energia sobre-humana. Já com o desmame, Sara tornava-se cada dia mais debilitada. Apresentava sangraduras intermitentes que a preocupavam.

Os Patriarcas de Yahveh | 113

Avraham começou a sentir sua mulher cada dia mais magra e seu viço parecia estar indo embora. Uma febrícula visitava-a diariamente, à tardinha, e, com o passar dos dias, tornava-se cada vez mais intensa. Seu baixo ventre começou a apresentar um inchaço muito grande. Todo o local demostrava ter uma sensibilidade muito aguda. As relações sexuais tornaram-se impossíveis, enquanto a sangria recrudescia, acompanhada de grande prostração.

Sara durou dois anos nesse martírio. Neste tempo, ela apresentou extrema ruína física. Emagrecera a ponto de ficar pele e osso. No final, deu ordens a uma das escravas que não deixasse Avraham entrar em sua tenda, pois não queria que a visse daquela forma. Avraham entrava de qualquer jeito. Ele forçava a entrada e, rudemente, empurrava a escrava que tentava impedi-lo de entrar. Sentava-se no chão, ao lado de sua mulher, e ficava horas a fio segurando sua mão e falando-lhe sobre os projetos que tinha para quando ficasse boa. Ambos sabiam que aquilo era mero sonho, pois ela estava morrendo.

Alguns meses depois do nascimento de Itzchak, Sara teve a premonição de que iria morrer. Por um desses pensamentos irracionais que atacam os doentes, imaginou que, com sua morte, Agar, que já fora mulher de Avraham, poderia voltar a ter um lugar de predominância no coração do pastor. Ismael, um belo e taludo garoto de cinco anos, forte como o pai, destacava-se dos demais com suas traquinadas e brincadeiras infantis, o que enchia o coração paterno de orgulho e júbilo. Sara inferiu que Agar se tornaria a esposa de Avraham e, com isso, sua própria imagem iria empalidecer com o passar do tempo.

"Os homens esquecem as mulheres com facilidade, substituindo-as por outras", pensava Sara. Desse modo, com o coração cheio de fel, atormentada pela doença e pela morte que cria iminente, Sara pediu, quase ordenou, que Avraham mandasse Agar embora. Ele muito pensou e, premido pelas circunstâncias, decidiu então desfazer-se de Agar sem perder o adorado Ismael.

114 | A Saga dos Capelinos

A discussão com a escrava kemetense foi cruel; Avraham queria recompensá-la regiamente, mas não desejava abrir mão do filho, pelo qual tinha fascinação. Agar chorou e implorou, ameaçou e jurou, em suma, fez de tudo o que estava a seu alcance para que não a mantivesse longe de seu filho. Avraham foi irredutível. Partiria de manhã sem o filho.

De noite, com o acampamento em silêncio, Agar saiu sorrateiramente levando – como era de se prever – o seu querido filho Ismael. De manhã, a fuga foi descoberta. Avraham alcançou a infeliz num poço chamado Gahai-Roí, entre Kadesh-Barnea e Barad. Tendo se arrependido de sua crueza da véspera, reconheceu os direitos de Agar sobre Ismael e convidou-a a retornar ao acampamento.

Durante alguns dias, Avraham atormentou-se com esse fato e, finalmente, chegou a uma conclusão. Sabedor, por intermédio de Eliezer, que a escrava Agar tinha um amante entre os pastores, homem simples, mas zeloso e viúvo, chamou-os e estabeleceu o seguinte critério:

– Malaleel, eu coloco meu filho Ismael sob sua custódia até que tenha idade para decidir por si seu destino. Você levará Agar, podendo casar-se com ela. Levará também seus amigos pastores em número de duas dúzias, assim como as famílias deles. Cada família terá o direito de levar um jumento, uma parelha de bois e cinquenta ovelhas. Tudo isso pertencerá ao meu filho Ismael. A você, caberá uma em cada cinco cabeças que vier a acrescentar ao rebanho e deverá dividir entre seus amigos, sendo uma para você e uma para eles. Se você vier a ter filhos com Agar, eles herdarão o que é seu, e não da parte de Ismael. Vocês deverão partir dentro de cinco dias, levando aquilo que determinei e irão morar em Madian, ao sul do Negeb, no deserto de Sin. Uma vez por ano, ou quando eu determinar, mandarei meus inspetores verem se você está cumprindo meu acordo. No caso de estar rompido, responderá com sua vida. No caso de estar procedendo com lisura, eu lhe darei um prêmio anual de minha conveniência.

Os Patriarcas de Yahveh | 115

Tendo tudo acertado, alguns dias depois, o grupo partia com Malaleel em comando para formar uma nova grei: o clã de Ismael. Avraham, anualmente, mandava um grupo armado investigar se o seu filho e Agar estavam sendo bem-tratados e não teve motivos para arrependimentos. Ele próprio os visitou por várias vezes no decorrer de sua longa vida e fundou um poço que se tornaria sagrado em futuro distante.

Quando Sara morreu, Avraham estava no campo. Ele normalmente fiscalizava o trabalho de seus pastores com as ovelhas. Era cedo, de manhã, e, normalmente, dedicava esse horário ao trabalho, deixando o fim da tarde para Sara. Uma das escravas veio avisá-lo do infortúnio. Ele viu a escrava ainda ao longe e soube que Sara morrera. Dirigiu-se, pois, para a escrava a passos leves e, quando estavam frente a frente, viu o rosto da mulher banhado em prantos.

– Não diga nada, mulher. Apenas confirme. Sara morreu?

A escrava quase engasgou-se com o choro, confirmando com a cabeça o lastimoso fato. Avraham olhou para os céus e disse baixinho para si mesmo:

– Obrigado, meu deus Yahveh. Obrigado por ter levado a minha Sara. Se ela ficasse mais, com o sofrimento que estava tendo, eu não suportaria tamanha dor e poderia cometer um crime contra a sua lei. Obrigado por ter me dado um filho da mulher que sempre amei, mesmo quando não sabia o que era amor.

Avraham chorou o caminho todo e rasgou suas vestes. Passou por uma fogueira apagada da véspera, pegou as cinzas e as jogou na cabeça. Assim, completamente sujo dos restos do lume, com roupas transformadas em molambos e os pés descalços, entrou no acampamento, assustando as crianças e estarrecendo os adultos.

Sara estava morta e, como todos a amavam, choraram. Ela pedira para ser enterrada em Quiriat-Arbé, onde vivera alguns dos melhores anos de sua vida, tendo descoberto o amor e feito do marido um bom amante. Os próximos dias foram dedicados ao enter-

116 | A Saga dos Capelinos

ro. Uma caverna em Machpelá fora adquirida, onde, finalmente, a defunta foi devidamente sepultada. Sara morrera com trinta e sete anos. Avram, seis anos mais velho do que ela, alcançara os quarenta e três anos, cheio de força e vigor, tendo aumentado ainda mais suas ovelhas.

O filho de Avraham, Itzchak, estava com dois anos e era uma criança adoentada. Apresentava um quadro crônico de asma e doenças pulmonares. O menino era fraco do pulmão e, como consequência, era magro e frágil. Afora esse fato, era esperto e vivo, falando quase tudo, o que proporcionava enorme alegria ao pai, que via nele o seguidor de sua fortuna.

Com a morte e o subsequente sepultamento de Sara, Avraham voltou a tocar sua vida. Ampliou ainda mais seus rebanhos com excelentes compras de carneiros. Desta feita, ele foi buscar sangue novo na Anatólia. Também comprou de mercadores que iam para o Kemet rebanhos inteiros provenientes do planalto do Irã. A miscigenação deu excelentes resultados, revigorando em muito o seu rebanho, tornando-o mais forte e salutar.

Capítulo 4

Oito anos se passaram desde a morte de Sara. Naquele tempo, Avraham mandara construir um poço numa localidade próxima a uma de suas áreas de pastagem. A região era propícia, só que a água era escassa. Os homens armados de Abimelec, sem ordem do rei, expulsaram os pastores de Avraham e mataram um deles. Os pastores correram e avisaram Avraham, que logo enfureceu-se. Reuniu seus pastores guerreiros em número de mais de mil e dirigiu-se para Gerara, disposto a enfrentar a tropa de Abimelec.

No meio do dia seguinte à morte do pastor, a cidade de Gerara estava cercada. Abimelec soube do fato e chamou seu general Ficol.

– O que houve para que Avraham nos cerque e nos ameace dessa forma? Sempre foi nosso aliado. Descubra logo. Não quero guerra com este homem. Sinto-o poderoso e acompanhado de um deus que lhe satisfaz todos os desejos.

Ficol saiu e falou com alguns de seus soldados. Descobriu o incidente no poço. Nesse instante chegou uma comissão de três

118 | A Saga dos Capelinos

pastores de Avraham que trazia uma mensagem para Abimelec. Os homens foram levados à presença do suserano, que escutou a arenga dos plenipotenciários de Avraham. Entre eles estava o tartan de Avraham, seu braço-direito, Eliezer, o damasquino, que passou a falar com Abimelec, na sala do trono.

– Nosso mestre Avraham envia-lhes suas saudações e pergunta-vos que mal vos fez para que seja tratado com tamanha crueldade e desleixo. Não vos tem pago os impostos com regularidade? Não tem engrandecido a vossa terra com uma tropa de valorosos homens? Não tem proibido e coibido qualquer abuso de seus homens contra Gerara? Deseja, pois, saber por que é penalizado por ter cavado um poço que dará de beber não só ao seu rebanho e pastores, como também a qualquer homem da região. Um dos nossos melhores e mais esforçados pastores foi morto por seus soldados, e esta não é a primeira vez que um incidente desta natureza acontece. No passado, outros dos nossos homens foram feridos gravemente, sem morte, no entanto, por vossos homens, que os expulsaram da cidade, das tavernas e da casa das mulheres fáceis. É preciso que entendeis que são esses pastores de modos rudes e de coração transbordante de zelo que, ao fazer aliança com meu mestre Avraham, vossa majestade jurou proteger.

Abimelec, já a par do assassinato e da forma como fora praticado – por um bêbado e sua malta descomedida –, levantou o braço pedindo que cessasse a alocução e disse:

– Caro Eliezer. Eu, Abimelec, rei de Gerara, sou amigo de Avraham e desejo-lhe todo o bem do mundo. Não desejo altercações com meu mais caro vassalo e, para tal, desejo que o convide a vir em meu palácio para conversarmos não como rei e súdito, mas como dois irmãos.

Eliezer, já prevenido contra essa possibilidade, respondeu ao rei:

– Ó, grande Abimelec, rei de Gerara, líder dos valorosos hurritas, meu amo e senhor Avraham montou uma tenda e mandou trazer os mais novos terneiros, as mais doces tâmaras, as uvas mais rubras e os vinhos mais doces e gelados. Mandou preparar pães e confeitou doces apenas para rejubilar-se com vossa presença. Repetirei palavra por palavra do que me disse: "Diga ao meu suserano e senhor Abimelec que o espero com seu general e o seu tartan para conferenciarmos sobre esse grave incidente. Diga que por enquanto o vinho é doce e a conversa será amena, mas que, como todo vinho, poderá se transformar em vinagre de gosto ácido. Antes que isso aconteça, é importante que ele compareça a minha tenda de paz. Ninguém levantará a mão, e digo isso em nome de Yahveh, meu mui poderoso deus."

Abimelec tinha duas opções. Aceitar e discutir os termos de um novo acordo ou lutar. Ele tinha perto de três mil soldados; só que mais da metade estava fora e os que tinham permanecido em Gerara eram gordos e mal-armados. Os mil pastores de Avraham eram mais potentes do que o dobro de seus homens. Além disso, a cidade estava mal protegida. As muralhas ofereciam brechas que não iriam atranqueirar um ataque. Por outro lado, Abimelec temia o deus de Avraham. Ele vira que era um deus poderoso. Não fizera nascer uma criança de uma mulher estéril? Não sarou as feridas de Avraham com rapidez? Não lhe deu uma fortuna incalculável? Avraham, antes de se tornar um patriarca, era um ricaço.

– Diga ao meu mui amado súdito Avraham que aceito seu amável convite e estarei lá na hora em que o sol começar a cair. Irei com pequena guarda, sempre confiante na promessa que me foi feita pelo seu poderoso deus Yahveh.

Na hora marcada, Abimelec compareceu, acompanhado de Ozocat, seu tartan, e Ficol, seu general. Avraham, que já tinha alcançado os cinquenta anos, com barba e cabelo quase todo brancos, parecendo mais velho do que era, estava na entrada da tenda. Recebeu os três com especial deferência e os introduziu na enorme barraca.

No seu interior, o chão estava forrado de finos tapetes, vindos do Kemet, Suméria e Pérsia. Podia-se notar uma mobília requintada, com mesas baixas onde estavam depositados e arrumados copos de ouro e prata. Para conforto dos hóspedes, havia uma profusão de coxins de tecidos lustrosos e de desenhos bizarros es-

120 | A SAGA DOS CAPELINOS

palhados por todos os lugares. Quatro mulheres madianitas, seminuas, escravas vestidas com roupas exóticas, estavam disponíveis para atender aos menores desejos dos convivas.

Sentaram-se em volta de uma mesa baixa e iniciaram as conversas. Como bons jogadores falaram um pouco de tudo; do tempo, da seca permanente, dos impostos kemetenses e da distante terra dos hurritas. A conversa, regada a vinhos suaves e doces, já ia a altas horas, quando Abimelec entrou no assunto propriamente dito.

– Avraham, sua presença nas minhas terras sempre foi cheia de percalços, mas também de alegrias. Meus homens tomaram sua mulher; por pouco, não teriam feito dela uma escrava. Aqui teve o seu almejado filho com a bela Sara, de tão doce recordação – que os deuses a guardem. E agora, esse terrível incidente.

– Como de fato, meu rei e senhor, protetor de Gerara e amado Abimelec. Aqui me estabeleci para ser feliz e próspero e o sou, em parte graças à generosidade de seu reino de paz. No entanto, há sempre uma nuvem a empanar o brilho do sol, e esse brutal e destemperado assassinato de um leal súdito não deve ficar impune. Seria um convite a que os demais se achassem no direito de fazer o que bem desejarem.

– Avraham, meu irmão, não prolongue este assunto que já foi resolvido.

O rei, virando-se para o general, meneou a cabeça. O soldado levantou-se e voltou em poucos segundos trazendo algo envelopado num pano sangrento. Colocou o pano sobre uma mesa adjacente e Ficol, cheio de pompas e mesuras:

– A justiça de meu senhor Abimelec será conhecida pelos séculos. Uma morte infamante deve ser paga com a mesma moeda.

Ato contínuo, levantou o pano e mostrou a cabeça decepada do pretenso assassino. Avraham olhou o crânio com desdém e virou-se para o rei, que o impediu de falar.

– Sim, já sei o que irá dizer. A família do pastor receberá todos os bens do assassino e seu filho mais velho será escravo por sete anos na casa da vítima. Isso lhe satisfaz, meu caro Avraham?

O patriarca assentiu com gestos de humildade e, quando ia começar seu parlatório, mais uma vez Abimelec o interrompeu, dizendo-lhe, enquanto tocava o seu braço com extrema amizade:

– Não diga nada, meu amigo e irmão. A justiça foi apenas feita neste caso. No entanto, há mais coisas a serem feitas entre nós. É de meu desejo que seja firmada nova aliança entre nós.

– Será para mim motivo de orgulho e felicidade. Não há nada que desejo mais do que viver em paz na terra do meu rei.

– Eu é que desejo viver em paz com você, que tem sido um fiel súdito e um vassalo acima de qualquer repreensão. Só que quero mais do que uma simples aliança a ser comemorada com o abate de um carneiro. Aspiro que o meu sangue corra junto com o seu, nas veias de descendentes comuns. Quero que seus filhos sejam meus filhos e que eu possa colocá-los no meu colo e beijá-los, já que terão meu sangue também.

Avraham espantou-se. Como isso iria se processar? Abimelec falara em sentido figurado? "Esses hurritas têm hábitos estranhos e não os conheço todos" – pensou cautelosamente.

Abimelec, vendo a confusão estampada no rosto de Avraham, sorriu e lhe disse:

– Selemos nosso pacto com um casamento. Você ainda é um homem forte e viril, mesmo que suas cãs estejam brancas. Desejo que você se case com minha irmã mais moça. Ela é uma virgem radiante, de nome Cetura.

Avraham não podia estar mais abestalhado. Sua boca estava aberta de forma grotesca e seus braços haviam caído sobre suas pernas cruzadas. Como recusar uma aliança dessa natureza? Tornar-se-ia nobre, por afinidade, dos hurritas. Seus filhos teriam sangue hurrita e caldeu. Que melhor mistura poderiam querer?

Eliezer, que participava da reunião desde o início, intercedeu rapidamente. Temia que seu senhor não aceitasse o pacto. Seria uma grave ofensa caso ele recusasse casar-se com Cetura. Haveria guerra, sem dúvida. Até onde ia o amor do homem pela sua defunta mulher?

122 | A Saga dos Capelinos

– Ó! Grandes senhores, meu mestre Avraham não poderia querer melhor e mais duradoura aliança com o magnânimo rei de Gerara, pai dos poderosos hurritas, o imorredouro Abimelec. Que os séculos futuros lhe cantem a glória e saibam que aqui, na terra de Canaã, houve um rei que se preocupou mais com a paz do que com as sangrentas conquistas da guerra. Que o doce e amável Abimelec entre na história como sendo mais do que um rei, e sim, verdadeiramente, um pai para seu povo.

Nada como a lisonja para consolidar uma amizade. Abimelec era astuto, porém não gostava da guerra. Era um intelectual que preferia as discussões acadêmicas do que as campanhas. Uma boa mesa com vinho gelado, uma cama macia com uma mulher quente e uma infindável discussão sobre os deuses, seus caprichos e a existência humana, isso, sim, era Abimelec.

A intervenção de Eliezer foi providencial. Com seu discurso deu tempo de Avraham refletir sobre a situação. Sim, sua meiga e adorada Sara era um obstáculo em seu coração. Sua primeira ideia seria declinar de tamanha honra. Jamais sua mulher aceitaria que se casasse com outra. No início de sua vida conjugal provavelmente sim, pois não havia amor entre eles. Mas após passarem por tudo, a separação no Kemet, a descoberta do sexo ardente e temperado com um inexcedível amor, aquele casamento com uma virgem hurrita era impensável. Teria que recusar, mas o astuto e fidelíssimo Eliezer já aceitara por ele. Como recusar? Com guerra? Com prejuízo para os negócios? Afinal, possuir fisicamente uma linda jovem e gerar-lhe filhos não era nada tão terrível assim.

Avraham falou. Sua voz estava embargada pela comoção interna de ter que aceitar uma nova esposa e sepultar em definitivo a estonteantemente bela Sara.

– Grande rei, amigo, irmão e agora cunhado, nada mais posso dizer a não ser que pertencer à sua família é motivo de inexcedível honra para qualquer homem.

Os Patriarcas de Yahveh | 123

Os dois homens abraçaram-se. O astuto rei conseguira mais do que imaginara. Avraham deu-lhe, como compra da noiva, duzentos carneiros e selou o acordo com mais trinta novos terneiros, que foram sacrificados no dia do casamento. O poço, pomo da discórdia, foi batizado de Beer-cheba, ou seja, poço do juramento; sete outros cordeiros foram mortos em volta dele para apaziguar o espírito do assassino e da vítima, que as pessoas diziam ver sempre, a lutar e a discutir infindamente.

O casamento foi feito três luas depois e vários príncipes cananeus e hurritas vieram de longe para homenagear Abimelec e, principalmente, Avraham. Por que tanto rapapé para um simples pastor de ovelhas? Porque era imensamente rico e a riqueza é poder. Com uma única palavra, Avraham podia levantar um exército de cinco mil homens, marchar contra qualquer reizete e esmigalhar sua cidadela. Além disso, seus carneiros, uma tropa enorme de cabeças, alimentavam milhares de seres em Canaã, no Kemet e na Síria. O homem tornara-se um poder inconteste na região. Melhor que fosse bem tratado e que fosse permitido que pagasse seus impostos, que parecia não ter pejo em quitar anualmente de forma branda, gentil e generosa.

Cetura chorou durante alguns dias antes do casamento. Casar com um velho de barba branca! Que horror! Quem se incomodou com suas lágrimas? Suas aias e amigas de palácio, provavelmente. No dia do casamento, ela estava imperturbável e calma, como se estivesse possuída de uma fleuma indevassável. A cerimônia, com pompa hurrita, tão atlante na origem, cheia de mesuras e grandiosidade, arrastou-se cansativamente por grande parte da noite.

Cetura dormiu virgem, naquela noite. Dois dias depois, Avraham entrou em sua tenda, após se fazer devidamente anunciar, e trouxe-lhe presentes e tecidos lustrosos como jamais vira. Era seda que viajara de terras de nome estranho para paramentar a gentil donzela. E ouro. Ouro em profusão, em colares, brincos e anéis. A cada presente de beleza ímpar, a jovem Cetura vibrava,

124 | A SAGA DOS CAPELINOS

seus belos olhos se iluminavam, admirando cada peça e gostando do oferecimento e do presenteador.

Avraham soube acalmá-la com belos presentes e palavras ainda mais belas e, aos poucos, levou-a ao leito nupcial. Cetura era de uma beleza diferente da de Sara. Tinha os cabelos castanhos dourados com laivos de cobre, os olhos de um azul profundo e uma pele branca com sardas dispostas de forma agradável. Ela tinha seios pequenos de bico rosado, que Avraham jamais havia visto.

Avraham levou um longo tempo beijando-a e regalando seus olhos com a visão de tamanha formosura. Cetura fechou os olhos e, tremendo, foi se submetendo às carícias do homem. Sentiu aos poucos uma ternura e um carinho que ninguém jamais lhe houvera dado. Era meia-irmã de Abimelec e, por pouco, não fora parar na sua cama como mais uma concubina de seu palácio. Por sorte ou azar, viera parar nos coxins macios daquele homem estranho, de barba branca, que, aos poucos, a estava seduzindo com carícias e palavras doces, brandas e macias como as sedas com que lhe presenteara.

Cetura transformou-se numa mulher completa naquela mesma tarde. Por uma dessas surpresas do estranho destino, Avraham apaixonou-se por ela, devotando-lhe um amor doce, meigo, quase de um pai por uma filha.

Nos meses que se seguiram, Cetura aprendeu o significado da palavra prazer, de tanto que aquele homem imponente a levava ao clímax. A cada explosão que seu corpo sentia, Cetura devotava um pouco mais de amor àquele incomparável amante, até que descobriu que não poderia mais viver sem sua presença, sua voz grave e seu cheiro acre-doce, mistura de suor e fragrâncias exóticas dos óleos canforados que usava para suavizar sua tez no afã de agradar a jovem esposa.

Cetura tinha filhos com facilidade, sendo cada um mais forte do que outro. Era uma mistura de pele azeitonada e morena cujos olhos azuis e cabelo acobreados pareciam predominar sobre a genética de Avraham. Não eram os filhos de Avraham, mas os rebentos de Cetura; mil vezes mais fortes e belos do que o frágil, doente e débil Itzchak. Afora as quatro meninas, a vigorosa mulher lhe daria mais Zamrã, Jecsã, Madã, Madian, Jesboc e Sué, num total de dez filhos em doze anos. Não fosse a morte de Avraham e estaria ainda enchendo o mundo de filhos robustos e bonitos, como ela mesmo o era.

Para Avraham, esses filhos eram a luz de seus olhos, a alegria de viver, enquanto seu coração se confrangia com Itzchak devido ao fato de ser o único filho de Sara – sua paixão – e também a um acontecimento estranho na sua vida que faria recrudescer ainda mais sua inabalável fé em Yahveh.

No período entre a morte de Sara e seu novo casamento com Cetura, Itzchak e ele tornaram-se muito aconchegados. Aonde o pai ia, lá ia o filho de oito anos. Numa dessas andanças durante o dia, perto da hora de o sol recolher-se, caiu uma tempestade que pegou pai e filho desprevenidos. Ficaram completamente ensopados. O vento frio, cortante, que acompanhava a borrasca, enregelou-os até os ossos.

Chegaram ao acampamento principal, com mais de duas horas de atraso. Itzchak, enfraquecido por um longo dia de andanças e mais a procela, tiritava de frio e já demonstrava os primeiros sinais de uma pneumonia dupla. Durante a noite, a criança, apartada do pai, piorou sensivelmente com um febrão de queimar a testa. Avraham só foi avisado de manhã cedo por uma das aias de que seu filho estava muito doente.

Naquelas épocas remotas, quando ainda não encontrara seu caminho científico, a medicina era praticada por curadores e feiticeiros. Contudo, nenhum feitiço ou encantamento foi capaz de acordar a criança, que tinha entrado em estado de choque devido à altíssima febre. Sempre fora frágil, fruto de um casamento consanguíneo e de mãe relativamente idosa para ser primípara. Em suma, a criança era propensa a febres, especialmente ataques asmáticos. Com a chuva,

126 | A Saga dos Capelinos

o vento frio da tempestade e a queda da temperatura, o menino adoecera gravemente. Estava inelutavelmente a caminho da morte.

Durante o dia inteiro, Avraham não saiu do lado do garoto, segurando-lhe a mão, vendo-o se tornar cadavérico, quase gelado, sem cobertas de peles de carneiros suficientes para esquentá-lo, enquanto badalejava os dentes pela intensa friagem que o invadia. Gemia baixinho e não respondia aos apelos paternais.

No final do dia, Avraham convenceu-se de que o filho iria morrer. Eram os desígnios de Yahveh. Não havia o que discutir ou chorar. O Senhor dá, o Senhor tira. Avraham, nessa hora, convicto da fatalidade que se aproximava e crendo ser um castigo divino, iniciou uma longa oração ao seu deus Yahveh.

Ele lembrara que eram oferecidos, de tempos em tempos, sacrifícios humanos a Yahveh, em Haran. Avraham ouvira falar que os hurritas já lhe haviam oferecido recém-nascidos, num ritual macabro de imolação. No entanto, ele jamais havia feito tais oferendas sangrentas e lhe passou pela mente que Yahveh podia estar pedindo a vida de seu querido primogênito como prova de sua devoção. Que então se fizesse a vontade de Yahveh.

Avraham acreditava que Yahveh ainda era o deus colérico e facinoroso das lendas hurritas. Logo, crendo que o deus desejava o espírito de seu filho, ele começou rememorando tudo o que lhe acontecera e de como Yahveh entrara em sua vida. Lembrou-se de Haran, das discussões com seu pai e viu nisso motivo de pecado; por isto, agora o deus o estaria punindo. Não devemos discutir com pai e mãe, foi a conclusão que Avraham chegou. Sob o impacto do momento, segurando a mão pequena e quase translúcida do filho adorado – já não tem mais Ismael perto de si para amá-lo –, continuou a atormentar-se.

Seu ato de contrição prosseguiu e viu o fato de ter colocado a própria mulher na alcova do faraó como um crime contra Yahveh. Sim, é verdade, pecara gravemente contra a instituição do casamento. Usara a mulher em benefício próprio. Fora um crápula e

Os Patriarcas de Yahveh | 127

arrependia-se profundamente. Era verdade que havia a leve atenuante de ter ido buscar a mulher na casa do monarca, recomeçando uma nova vida com ela.

Avraham continuou seu exame de consciência, encontrando inúmeras falhas. Via em todos os seus atos, por menores que fossem, motivos para que Yahveh o punisse. Subitamente, a criança começou a arfar pesadamente, apresentando dispneia e gemidos estertorantes.

– Oh, poderoso Yahveh, meu filho morre. Por minha causa, pelos meus pecados, pela minha insânia de me tornar poderoso a qualquer preço. Oh, doce Yahveh, meu deus, meu Senhor, seja misericordioso e permita que meu filho se vá sem sofrimento. Entendo que sou responsável pela sua morte. Não mereço tal criança e concordo que, para ter um filho doce como ele, seria preciso que eu fosse um homem puro e generoso, e não um ser egoísta e inescrupuloso como eu sou. Leve-o já, sem fazê-lo sofrer mais do que já padeceu. Ele não merece sofrer. Mas faça recair sobre mim toda a dor e a ignomínia de meus pecados e meus erros; mesmo assim, continuarei a ser seu mais humilde servidor.

Na tenda, no meio da noite fria, um pai desesperado, ajoelhado ao lado de seu miúdo filho, praticamente morto, segurando-lhe as mãos geladas e já levemente azuladas, viu-se subitamente deslumbrado por intensa luz que invadiu o ambiente. Avraham, assustou-se com a aparição e ajoelhou-se, tendo o moribundo filho ao seu lado. Do meio da luz, apareceu apenas a parte superior de um ser ao mesmo tempo estranho e belo. Seu corpo era dourado, enorme – uns três metros de altura –, seus cabelos longos eram castanhos, com raias de fogo como se estivessem em combustão, seus olhos eram azuis-claros, diáfanos, e estava aparentemente vestido com uma túnica branca, coberta com um couraça feita de escamas de ouro. A parte inferior de seu corpo desaparecia numa espécie de nuvem e não podia ser percebida. A cabeça estava coberta por um barrete branco. Era Sansavi, novamente projetando sua magnificência.

128 | A Saga dos Capelinos

Avraham sabia que era Yahveh, pois ele já o tinha visto antes. O que não podia ver era que a tenda estava completamente cheia de espíritos que trabalhavam para recuperar a saúde debilitada do infante. Uma série de aparelhos espirituais de tecnologia avançadíssima estava sendo fixada na criança. Os espíritos superiores tinham planos mais elaborados para Itzchak do que apenas a sua prematura morte.

A imagem de Sansavi falou a Avraham:

– Eu, Yahveh, teu deus, não desejo a morte de teu filho pelos pecados que cometeste no passado. Eu sou um pai de bondade e de amor que jamais pune os filhos pelos erros dos pais. A cada um é dado de acordo com sua obra e seu mérito. Ouve a voz do Deus que te tirou de Ur, na Caldeia, e te trouxe a estes rincões.

E, como se uma voz tonitruante explodisse no interior da cabeça de Avraham, ele escutou:

– Avraham, Avram ben Tareh, tenho te cumulado com minhas benesses e só tenho te cobrado lealdade à minha pessoa. Desejo que, de hoje em diante, jures sobre o corpo de Itzchak, teu adorado filho, que irás divulgar a todos a grandeza de uma única divindade. Todos os que adorarem esse Deus tornar-se-ão teus filhos. Farei com que sua descendência seja próspera e possuidora da Terra. Os que adorarem estranhos deuses e trevosos demônios levarei para outra paragem, onde estrebucharão de ódio e rancor, de dor e superlativo sofrimento até que, não suportando mais, volverão ao caminho espinhento que leva ao todo-poderoso.

Subitamente, tudo ficou calmo e tranquilo e uma voz fina, miúda e melodiosa, disse baixinho:

– Papai, quero água.

Avraham despertou de seu êxtase e viu seu adorado Itzchak, sentado na cama, olhando-o com seus belos olhos negros, como se não tivesse tido absolutamente nada.

Ó, inefável alegria! Quantas lágrimas foram derramadas de intenso júbilo pela recuperação do menino! Avraham levantou-se, abraçou

Os Patriarcas de Yahveh | 129

o filho, de tal modo convulsionado por lágrimas e soluços, que assustou o rapagote. Tomado de ensandecida alegria, começou a gritar, chamando por servos e amigos, despertando todo o acampamento.

Naquela noite, os pastores de Avraham foram possuídos da mais viva explosão de alegria. Um Avraham tresloucado de alegria distribuiu graciosamente mais de mil e seiscentos cordeiros entre seus amados pastores e mandou matar uma centena para festejar a vitória de Yahveh sobre a morte, mostrando que o poder de Deus era maior do que qualquer doença na Terra. Yahveh não era um deus da morte, mas o Senhor da vida.

Avraham passou a contar a história de que Yahveh havia exigido seu filho, mas, na última hora, poupara o infante, em vista de sua excelsa bondade e de seu arrependimento. A lenda era propícia, pois os cananeus tinham o terrível costume de sacrificar seus filhos pequenos em moloch – oferenda de sangue – aos deuses Baal Hadad, El e vários outros, fazendo-os passarem pelo fogo, queimando-os vivos. Os próprios judeus só iriam parar com este hábito nefando por volta do ano 600 a.C., pois faziam suas tenebrosas oferendas a Yahveh e a outros deuses cananeus no vale do Enon. Por mais que houvesse a proibição, estes seres supersticiosos e ignorantes confundiam a verdadeira grandeza de Deus com os desejos impuros dos alambaques, que só queriam usufruir dos fluidos vitais de homens e animais.

A existência de Avraham mudou muito depois daquele fato. Se antes já acreditava em Yahveh, agora tornara-se o mais fanático dos prosélitos. Começou a divulgar a doutrina da superioridade de seu deus a todos os presentes. Inúmeras vezes, para impressionar os ouvintes, ele falava de Yahveh, exagerando suas potencialidades e seus feitos, o que deixava todos estarrecidos. Era um deus ou demônio? Pelos exageros e até certas mentiras de Avraham, seu deus se tornara mais parecido com um alambaque do que com uma divindade. Não era ele capaz de matar sem pestanejar? Não era ele capaz de distribuir benesses a um e maldições a outro? Não

130 | A Saga dos Capelinos

era ele capaz de secar um poço e matar uma comunidade inteira que ele odiasse, enquanto salvava da morte certa um terneiro apenas para contentar um aficionado? Ele não destruíra as cidades de Sodoma e Gomorra apenas porque lá não existiam adoradores de seu imenso poder? E não salvara Lot de morte certa porque ele se curvava humildemente e lhe oferecia as melhores pombas e as belas frutas da região?

Os espíritos da falange de Sansavi não faziam nada disso, mas Avraham, com o intuito de demonstrar patentemente que seu deus era mais poderoso, mais forte e mais terrível do que os demais, imputava características a Yahveh que ele não tinha. Sem o saber, ele estava transformando Yahveh num demônio de tétricas maldades que só o tempo e muitos profetas iriam desfazer, dando-lhe a verdadeira feição de amantíssimo pai.

Avraham ia de cidade em cidade, onde era ouvido com atenção, por ser poderoso e também porque demonstrava tamanho fervor religioso, desmesurado amor e destemor por tudo e todos que até os reis das terras achavam por bem não o impedir de falar o que bem entendesse, mesmo quando os sacerdotes locais iam queixar-se acerbamente de seu comportamento destemido.

Algumas vezes, Avraham era dominado mentalmente por Sansavi, que falava através de sua boca. Desse modo, mesmo sem conhecer o vilarejo a que chegava, começava a contar os problemas que afligiam os moradores, tirando espantadas e assombradas exclamações de surpresa dos presentes. Avraham tornara-se mais do que um simples medianeiro entre os espíritos e os homens, tornara-se o pai da região, aquele de quem os pobres e desvalidos iam procurar ajuda contra a insídia dos poderosos. E ele tomava as dores dos infelizes como se fosse a sua e ia enfrentar os chefes de cidades com tamanho destemor e petulância que não se podia encontrar em seu comportamento nenhuma outra explicação a não ser a imensa fé em seu deus, por saber que nada lhe aconteceria.

Os poderosos locais tremiam, pois tinham medo da insânia daquele homem majestoso, de modos imperativos, de voz cortante e que apontava o dedo desassombradamente para eles. Os menos crédulos, por sua vez, o temiam; sabiam que podia levantar um exército com um simples aceno de mão e com sua fortuna poderia trazer militares mercenários de Hitta, Sumer, Hurri, Madian e Assur.

Após o casamento com Cetura e a enxurrada de filhos saudáveis que começaram a vir, Avraham, sempre preocupado com a saúde de Itzchak, sentindo que se aproximava a idade fecunda do jovem, que beirava os dezoito anos, foi conversar com seu confidente e amigo Eliezer, o damasceno.

– Estou sempre preocupado com a saúde de Itzchak. Passaram-se quase dez anos quando Yahveh, meu grande deus, colocou-me à prova, exigindo meu filho em holocausto. De lá para cá, tenho-o observado atentamente. Comparo-o com meus outros filhos e vejo que é menos robusto. Cetura me dá filhos enormes e fortes. Ficarão maiores do que Itzchak. Tenho medo da descendência dele. Será que serão fracos como ele?

Eliezer olhou-o e lentamente desviou o olhar, procurando internamente a resposta. Após alguns instantes, respondeu cuidadosamente, como se procurasse palavras que não ofendessem seu mestre e amigo Avraham.

– Há muito tempo, nossos rebanhos estavam fracos, só davam rebentos que andavam com dificuldade, tinham a carne magra e morriam com facilidade. Nesses tempos, ainda no Kemet, meu mestre teve a ideia de buscar carneiros em outro lugar que fortaleceram a raça e lhes devolveram o perdido vigor. Com os homens acontece o mesmo. Receio dizer-lhe que a mistura do seu sangue com o de Sara produziu um inteligente, arguto e esperto Itzchak, mas que não é uma fortaleza de saúde. No entanto...

– Se eu misturasse com sangue novo, teria rebentos mais fortes – Avraham interrompera a explanação de Eliezer. Claro! Era tão óbvio que não sabia como não pensara nisto antes.

132 | A Saga dos Capelinos

Os dois pararam de falar por um instante. Eliezer ficou satisfeito por não ter melindrado Avraham; qualquer alusão desairosa a Sara era sempre mal recebida. Avraham ficou a pensar em onde encontrar tal sangue novo. Após refletir um pouco, sentados à frente da tenda, no final de mais um dia pachorrento, Avraham recomeçou a falar com seu amigo.

— Eliezer, vou incumbi-lo de uma grave missão. Quero que encontre uma noiva para meu filho. Eu mesmo iria; no entanto, se fosse, criaria mais problemas do que solução.

— Entendo, meu mestre. Há muitas belas mulheres aqui em Canaã e não...

— Não, absolutamente não. Não quero em nenhuma hipótese que Itzchak se case com uma mulher de Canaã. Não deve ser hurrita e muito menos uma cananeia com olhar brejeiro, como tantas por aqui.

— Mas por quê? São robustas e dão ótimos filhos. Veja seu caso. Seu filho Zamrã é um touro de forte com apenas nove anos. Seus outros filhos não ficam atrás.

Avraham queria um filho de sua própria descendência. Se pudesse teria casado Itzchak com uma meia-irmã, mas a sua filha com Cetura tinha apenas dois anos e temia que Itzchak jamais vivesse tanto para esperar que se tornasse núbil. Pensando, Avraham, articulou um plano. Com o olhar esfogueado por ter tido um *insight*, começou a dissertar para um Eliezer aturdido:

— Você irá a Haran e procurará pela descendência de Nacor, meu irmão. Lá chegando, deverá encontrar uma mulher de beleza rara, daquelas que obscurecem a luz da manhã, e trazê-la para casar-se com meu filho Itzchak.

— Mas, mestre, e se a moça não quiser vir comigo?

— Ora, isso não deverá acontecer.

— Por que não?

— A razão é simples. Você irá com uma escolta de duzentos e cinquenta dos meus melhores pastores-soldados e mais doze camelos, lotados de objetos de ouro e prata, tapetes de beleza jamais

Os Patriarcas de Yahveh | 133

vista, móveis de Byblos e linhos finos do Kemet. Além disso, levará um dote de mil e quinhentos carneiros para a família dela.

Eliezer, quase pulando da cadeira que o abrigava, vociferou:

– Mestre, isso é um absurdo inqualificável! O que quer que leve como dote é uma fortuna equivalente à de um tati de um faraó. Nem certos reis de Canaã têm tanto. Por esse preço podemos comprar duzentas mulheres em Ur, On, Ouaset, ou em Damasco, minha terra. Será que uma mulher vale tanto quanto isso?

– Ora, Eliezer, isso é apenas dinheiro. Ainda me sobrará muito mais do que estou enviando. Conheço a minha raça. Somos todos gananciosos e isso eliminará qualquer resistência da moça, ou do pai, ou eventualmente de meu irmão Nacor, se ainda estiver vivo. Quem não iria vender a filha por esse tesouro?

– Não o compreendo, meu mestre e amigo. Você aceita consorciar-se com uma hurrita e lhe enche a barriga de filhos. Cada um que nasce é mais forte e belo do que o outro, e sei que são sua alegria de viver. Já para seu filho Itzchak, que só tem lhe preocupado com doenças e debilidades, quer gastar o que qualquer homem levaria várias vidas para construir.

– Eu passaria minha vida a lhe explicar e mesmo assim você não entenderia.

– Tente, quem sabe não sou tão limitado assim – disse Eliezer, com certa jactância.

– Não se ofenda, amigo Eliezer. Não se trata de inteligência, pois sei que nesse ponto você é até mais dotado do que eu, mas de sentimento. Tenho por Itzchak um amor que não tenho pelos outros, que me dão até mais alegria. Itzchak é sofrimento, é a amálgama de minha vida com Sara. Ela foi minha mestra, minha luz, minha guia. Foi com ela que descobri o que é o amor. Foi com ela que me humanizei e foi pelo amor que tive por ela, e depois por Itzchak, que o grande Yahveh consolidou sua escolha sobre mim. Sinto que estou destinado a ser o patriarca de uma grande raça.

E, inflamando-se ainda mais, arrematou:

134 | A Saga dos Capelinos

– Mais do que um aglomerado de pessoas, pois isso é perecível, serei o patriarca de um conceito, uma ideia – que é imorredoura –, a de termos todos um único Deus como origem comum.

Eliezer olhou-o mais uma vez admirado. O homem transfigurava-se sempre que falava em Deus. Resolveu mudar de assunto antes que Avraham começasse seu proselitismo.

– Como encontrarei essa prendada virgem em Haran?

– Yahveh enviará um emissário, um anjo que o guiará e que lhe apontará a mulher certa para meu filho.

Eliezer sabia que era inútil discutir com Avraham quando ele se tomava de fervor religioso. Nem o fogo dos infernos, nem as trombetas dos céus seriam capazes de trazê-lo à Terra naqueles instantes. Eliezer pensou e, antes que pudesse formular a questão, Avraham, parecendo ter lido seus pensamentos, respondeu-lhe:

– Se a mulher não quiser vir de livre e espontânea vontade, você estará livre do seu juramento para comigo, devendo trazer outra que esteja de acordo com seu julgamento, desde que seja originária de Haran ou da terra de Tareh, meu pai.

Eliezer levantou-se para preparar a caravana para partir dentro de alguns dias e ainda escutou Avraham vaticinando:

– Mas isso não acontecerá.

Alguns dias depois, uma longa e bem-armada caravana começou a se deslocar de Beer-Cheba, onde ficava o acampamento principal de Avraham, para o nordeste. Passou por Quiriat-Arbé, desviou-se da fortaleza de Shalaim, dirigindo-se para Jope, margeou o mar durante vários dias, abandonando-o no local onde seria construída a futura cidade de Antioquia, seguindo para Haran.

A longa e estafante viagem levou pouco mais de dois meses e nada aconteceu de excepcional. O rebanho foi conduzido por mãos experientes que o tangiam gentilmente para não cansá-lo e fazê-lo definhar em excesso. Chegaram a Haran inteiros e acrescidos de alguns filhotes. Eliezer e sua tropa logo chamaram a atenção da

Os Patriarcas de Yahveh | 135

população pela quantidade de pessoas fortemente armadas, pelo luxo extraordinário das tendas e pela figura diferente de Eliezer.

Ele era um homem alto, magro, levemente curvado, de nariz adunco pronunciado, tez azeitonada bem escura, olhos pretos de cílios pronunciados, possuidor de uma vasta cabeleira anelada negra caída sobre os ombros. Tinha uma das orelhas furadas onde um brinco de ouro lhe adornava o semblante. Usava uma longa túnica de algodão drapeado com fios de seda multicolores, com um cinto de couro, grosso, onde repousava uma adaga recurva numa bainha de couro com pequenas pedras incrustadas. Assim como os orientais de então, não tomava banho de forma assídua e compensava seus odores naturais com perfumes exóticos, fazendo-o exalar um aroma agridoce insuportável. No entanto, as mulheres o achavam estranhamente belo e interessante, exatamente pela sua forte transpiração. Tinha a fala macia, podendo conversar em várias línguas da região. Seu raciocínio era especialmente arguto quando o assunto se tratava de negócios. Avraham deixava que ele fizesse todas as negociações; sempre conseguia preços melhores com condições de pagamento mais elásticas. Tornara-se imensamente rico, já que o generoso Avraham sempre lhe destinava excelentes percentuais de todas os transações comerciais. Tinha um pequeno harém, onde quatro beldades lhe dedicavam toda a atenção, realizando todos os desejos que porventura tivesse.

Eliezer foi procurar o chefe do Conselho dos Anciões e explicou-lhe que representava o nobre Avraham, alto dignitário das terras de Canaã, amado do deus Yahveh, o poderoso, que procurava pela sua família, mais especialmente por seu irmão Nacor. Todos o conheciam, porquanto tinha extensa descendência. Havia perecido alguns anos antes de misteriosa doença. Sua mulher, Melca, ainda vivia e podia ser encontrada na casa de seu filho mais moço, de nome Batuel.

Eliezer dirigiu-se para lá. Feitas as devidas apresentações, a velha o recebeu com certa restrição. Melca nunca fora muito amiga

136 | A Saga dos Capelinos

de Sarug, vendo no cunhado um inimigo, um leão a espreitar nos arbustos. Temia que matasse seu marido e se apossasse de todos os bens, transformando-a em escrava ou concubina. Ficou aliviada quando foi embora e, agora que ele estava de volta na figura deste homem de pele azeitonada, o que o traste desejaria?

Eliezer, alertado por Avraham, conhecedor do gênio irascível e dominante daquela mulher, tornou-se melífluo e contou-lhe parte da história. Disse-lhe que Sarug, agora chamado de Avraham, tinha um filho de beleza ímpar, rico como um faraó e que desejava uma noiva de finíssima procedência. Eliezer agradou-a com um camelo e tudo o que havia nele, com a condição de que o ajudasse a encontrar a esposa ideal para seu mestre Itzchak.

A astuta matriarca logo definiu em sua mente uma estratégia. Dispensou Eliezer com o intuito de pensar. Marcou novo encontro em um dia ou dois. Assim que ele saiu, ela mandou um servo de Batuel investigar o quanto havia de verdade na história daquele desconhecido que se dizia falar por Avraham. O servo esgueirou--se até o acampamento e viu a imensa quantidade de cordeiros, camelos, cavalos e onagros que faziam parte da caravana. Antes, contudo, de voltar para contar para Melca, aproximou-se em demasia do acampamento para espiar melhor e foi feito prisioneiro por um dos guardas. Levado à presença de Eliezer, não foi necessário que fosse torturado para que contasse sua missão. Eliezer, sagaz e astucioso, viu nisso uma oportunidade de obter informações e, oferecendo algumas joias de real valor, fez com que o espião se transformasse em excelente informante.

O servo contou que Melca estava praticamente proscrita do restante dos seus filhos, só sendo aceita por Batuel. A megera era tão tinhosa que conseguira brigar com noras, netos e filhos, sempre por causa de dinheiro. O servo contou detalhes da vida de todos, especialmente de Batuel e de sua mãe. Filho mais moço de Melca, Batuel tinha trinta e seis anos, tendo dois filhos, Labão, um belo rapaz de dezoito anos, e Rebeca, uma jovem de quinze anos de be-

Os Patriarcas de Yahveh | 137

leza estonteante. A mãe morrera no parto de Rebeca e Batuel não se casara novamente, mesmo tendo várias concubinas e muitos outros filhos bastardos.

O servo, um homem maduro, trabalhava para Batuel desde que era pequeno, amando o patrão e detestando a velha, que vivia implicando com ele. Eliezer articulou com o espião uma série de mentiras que deviam ser ditas. Sabia que, se revelasse toda a riqueza que estava trazendo, a biltre iria demandar muito mais, o que iria complicar sua vida. Portanto, naquela mesma noite, Eliezer mandava Ofer, o seu mais leal e aguerrido pastor, dividir todo o rebanho, os camelos e os demais itens pela metade e partir para o meio do caminho entre Haran e Aleppo, onde ficaria estacionado e apascentaria a tropa às margens do Eufrates. Enquanto isso, o espião, devidamente instruído por Eliezer, reportaria à megera a quantidade de coisas vistas, ou seja, a metade.

No outro dia, Melca mandava chamar Eliezer e apresentava-o a Batuel, um homem cansado, com olhos fundos e rosto encovado, de fisionomia depauperada.

– Pensei muito e concluí que a moça ideal para seu mestre Itzchak, filho de Avram ou, como o chamam agora, de Avraham, é Rebeca, minha neta. Trata-se de moça robusta, prendada e virgem, que poderá ter filhos saudáveis do seu primo Itzchak.

– Tenho certeza de que a sua escolha deve ter sido a mais sábia possível. Seria interessante, contudo, conhecermos as demais moças em idade nubente para que, quando meu amo me perguntar como foi feita a escolha, eu possa lhe dizer que o critério foi de analisar todas as candidatas pela formosura, disposição para ter filhos saudáveis e inteligência.

– Você não está comprando um camelo, meu caro Eliezer. Trata-se de uma moça prendada de família nobre.

Eliezer riu. Ora, a velha não estava lidando com um qualquer. Ele tinha uma longa experiência em negociar com os mais caliginosos comerciantes do oriente.

– Se fosse um camelo seria bem mais fácil e em conta. Não desejo ser grosseiro e devo ser insistente; meu mestre Avraham é muito severo. Disse-me ele antes de partir e repito suas palavras assim como foram ditas: "Com o tesouro que estou enviando, Eliezer, você pode comprar uma princesa síria, uma guerreira hurrita, uma dama suméria e uma sacerdotisa do Kemet. No entanto, se meus parentes não tiverem ou não quiserem nos fornecer uma noiva, compre-a do primeiro rei que encontrar ou do sultão que quiser me acolher como parente."

Eliezer tinha a propriedade de falar as coisas mais terríveis com um sorriso encantador e um tom de voz tão doce que até o pior impropério soava como excelsa poesia. A velha entendeu que a realidade era nua e crua: aquele homem viera comprar a sua neta, e era correto e de praxe que isso acontecesse. As mulheres eram mercadorias, e a matriarca deveria se dar por feliz por ter duas netas em condições de casar. Preferia se ver livre de Rebeca, que tinha um gênio tão miserável quanto o seu, do que da doce Míriam, filha de Feldas, ainda muito menina, com apenas doze anos. As demais já eram casadas, algumas até com filhos pequenos.

– Se insiste tanto assim, posso chamar as duas para que as avalie.

– Faremos ainda melhor, minha senhora. Daremos uma festa à qual comparecerão as mais belas filhas de Haran virão. Deste modo, poderemos escolher uma com calma.

– Para que isso, meu amigo? Uma festa dessa irá custar uma fortuna!

– Meu amo é rico e não se importa em gastar para ter o que há de melhor.

– Bobagens! Faça uma festa aqui na casa de meu filho Batuel e lhe mostrarei as minhas duas jovens com idade de casar.

Eliezer fez uma cara de triste, como se fosse uma criança a quem tivessem impedido de comer um doce, e disse:

– Está bem! Faremos uma festa íntima. Quando pode ser?

Melca olhou para o filho, que lhe respondeu com um levantar de ombros, como se não se importasse com qualquer coisa. Batuel

Os Patriarcas de Yahveh | 139

era um homem carcomido por um neoplasma maligno no fígado e que morria aos poucos a cada dia.

– Façamos amanhã à noite. Fornecerei os cordeiros e o vinho, e vocês fornecerão a casa.

Eliezer tomou a iniciativa de responder, por perceber que Batuel estava alienado. Sua expressão demonstrava que pouco se importava com o casamento.

As notícias correram, pois Eliezer as fez correr. Algumas horas depois, toda a Haran sabia que iria haver uma festa, onde o enviado de um mercador mui rico iria escolher uma noiva para um nobre príncipe de Canaã.

No outro dia, ao anoitecer, mais de seiscentas pessoas estavam se aglomerando à frente da casa de Batuel. Moças ricamente vestidas, ou seria melhor dizer que estavam semi-despidas, eram trazidas para serem apresentadas a Eliezer.

A velha quase teve um acesso de raiva quando viu aquele mundo de gente na porta, querendo entrar e participar de uma festa que era para ser privada. Labão, filho de Batuel, um capelino de maus bofes, desejava sacar da espada para afastá-los a golpes de terçado. Melca o refreou, já que Batuel estava prostrado, lívido de dor, vomitando bílis e sangue escuro, não devendo ser incomodado além da conta.

Eliezer viu desfilar mais de oitenta moças, cada uma mais bonita do que a outra. Havia algumas feias e gordas, outras excessivamente jovens e algumas que haviam passado da idade. No seu conjunto, o tartan de Avraham fora atraído por duas de beleza estonteante. A primeira era uma jovem de quinze a dezesseis anos, loura como um trigal, de olhos azuis, doces e levemente tristes. Tinha estatura mediana, por volta de um metro e sessenta, de quadris largos, coxas grossas e seios pequenos. Um tipo indo-europeu, provavelmente proveniente da Ásia Menor, da Anatólia.

A outra era uma moça alta, esbelta, de corpo lançado, quadris largos, cintura fina, pernas torneadas, cabelos fartos em madeixas

140 | A Saga dos Capelinos

plenas, de cor castanho avermelhado. Os olhos eram verdes e a tez, rosada, quase branca, se não fosse levemente tostada pelo sol. Possuía seios fartos e empinados, prenunciando que não faltaria leite para seus filhos. Tinha um trejeito feminil, e, ao mesmo tempo, infantil. Era uma virgem que só pedia para se tornar mulher.

Eliezer soube que as duas eram Nina, filha de pai sumério e mãe de raça desconhecida capturada por hititas, no Cáucaso, e Rebeca, filha de Batuel, prima de Itzchak. Perfeito, tudo corria a contento. Guardaria Rebeca para Itzchak e levaria Nina para si próprio.

A negociação do preço com Melca foi longa e cansativa. Ela sabia o que ele tinha, ou imaginava saber, já que metade fora escondida longe dali. Eliezer oferecera a metade do que estava visível, mas a mulher queria tudo. Após quatro dias, concluíram a negociação e Melca ficou com três quartos de tudo o que estava visível. Eliezer economizara mais da metade do que levara para a compra. Ele mesmo comprou Nina por um belo preço e a possuiu ali mesmo em Haran, deliciando-se com a jovem loura, que não se fez de rogada para agradá-lo. Ela chegaria em Gerara com dois meses de gravidez, dando um lindo menino sarará a Eliezer.

A volta foi tranquila. O maior perigo residia em não permitir que os pastores, há tanto tempo afastados de suas mulheres, atacassem pequenas aldeias à procura de fêmeas disponíveis. Eliezer sabia que isso lhe traria desgraça e foi fixado um édito determinando que o pastor que violasse uma mulher seria degolado. Após tal mandato, a tropa seguiu calma até Gerara.

Itzchak estava em sua tenda, descansando do almoço e protegendo-se da intensa canícula. A caravana chegou, sendo recebida com estardalhaço por todos, vindo a incomodar o jovem no seu repouso da tarde. Desde que quase morrera, Itzchak era tratado como uma bolha de sabão prestes a estourar. Tudo lhe era feito, não só para agradá-lo, como também para que não fizesse força e não se altercasse. Era a joia rara do nobre Avraham.

Os Patriarcas de Yahveh | 141

Com a barulheira infernal que se estabeleceu, Itzchak levantou-se e foi ver o que estava acontecendo. Depois de descerem dos camelos e se aprumarem, ele foi apresentado à noiva. Itzchak era franzino e macilento, mais baixo do que Rebeca. Ela era alta, perto de um metro e setenta e cinco centímetros, enquanto que Itzchak, devido a toda a sua fraqueza, alcançava um metro e sessenta e cinco.

Rebeca olhou-o com frieza, mesmo tendo sido prevenida por Eliezer, que lhe contara a história de Avraham e do filho. Ela não pôde deixar de sentir um certo sentimento de rejeição por esse homem tão pouco varonil, enquanto que o moço deleitou-se com sua rara beleza.

A festa de casamento durou dias. Vieram reis de Canaã e, até mesmo, altos sacerdotes de On, além de príncipes de Madian, Idumeia, Moab, Síria, Mitani e beduínos do deserto do Faran, em pleno Sinai.

Ismael, já adulto, veio com sua comitiva, tendo sido recebido pelo pai e irmão com grande pompa. Afinal, ele era o rei de Madian, chefe de uma tropa de mais de cinco mil homens. Os demais irmãos, filhos de Cetura, estavam lindos como o despertar do sol numa manhã sem nuvens. Receberam o irmão mais velho com alegria e algazarra. Ismael apresentou seus próprios filhos e, juntos, todos brincaram, para extrema alegria de Avraham.

Foi Ismael quem anunciou a Avraham que sua mãe, Agar, morrera há alguns meses, de velhice. Avraham confrangeu-se realmente; gostava da escrava que lhe abrira o coração e o caminho para uma paternidade magnífica; Ismael era de uma beleza máscula impressionante, com olhos negros, cílios extremamente longos e altura e força muscular inigualáveis.

Cada convidado célebre recebeu um presente nababesco de Avraham, que não mediu esforços e nem poupou recursos para que a festa fosse perfeita. Tudo correu a contento e os jovens nubentes celebraram o casamento em grande estilo oriental.

142 | A Saga dos Capelinos

A primeira noite foi um desastre. Itzchak havia mantido fugazes relações sexuais com algumas escravas. Ele as agarrara, quase selvagemente, e passara-lhes a mão, muito mais sob o domínio da curiosidade do que da concupiscência. Com uma delas, mais frenética, masturbara-se e descobrira o prazer solitário. Tinha o mesmo defeito que o pai tivera: ejaculação precoce.

Na primeira noite, sob o efeito da emoção e da visão do corpo escultural de Rebeca, ele nem chegou a penetrá-la, alcançando o ápice antes de consumar o ato. Meia hora depois, sob intenso frenesi, após ficar novamente excitado, ele a desvirginara, para, imediatamente após atingir o clímax, tombar exausto sobre os coxins e dormir a sono solto. Rebeca não sabia se chorava ou ria do ridículo da situação. Pensou em tudo o que sonhara como moça e dormiu com o coração confrangido.

Os meses foram passando e a situação do casal não melhorara. Os homens davam pouca atenção às mulheres, e Itzchak via em Rebeca um brinquedo para seu prazer. Ela, por sua vez, procurava distração com suas damas de companhia e diariamente visitava o acampamento.

Havia um homem no acampamento principal, pastor de Avraham, viúvo, estranho aos olhos de Rebeca. Era muito alto, superando os dois metros, fortíssimo, de tez branca, extremamente peludo, parecendo um urso. Sua barba hirsuta, desgrenhada e revolta e seu cabelo ruivo eram tão espessos que só permitiam vislumbrar nariz e olhos. Andava seminu, apenas coberto com uma tanga, cingindo-lhe os quadris. Tratava-se de um ser estranho que viera, muitos anos atrás, das montanhas da Ásia Menor, provavelmente um mushki, um myceano ou um frígio, raças indo-europeias, que estavam situadas na Europa e migraram paulatinamente para a Ásia Menor.

Rebeca viu-o de soslaio e achou-o inicialmente estranho e, depois, virilmente atraente. Em comparação com o franzino Itzchak, Nuwanza era o oposto.

Os meses se passaram e, diariamente, Rebeca e suas amigas, no passeio matinal, passavam pelo peludo homem e a esposa de Itzchak olhava-o cada vez de forma mais detida. Nuwanza a percebia e sempre que as moças passeavam perto do seu posto, ele as cumprimentava gentilmente, cheio de reverências e solicitude. Sempre tinha uma fruta fresca ou uma coalhada com mel, ou, na pior das hipóteses, um ramalhete de flores selvagens para dar às moças. Rebeca sentia exsudar masculinidade daquele homem aparentemente rude, porém gentil e amável.

Os nômades gostam de sentar em torno de fogueiras e conversar sobre fatos e lendas. Itzchak não fugia à regra. Não era incomum que fosse até a tenda de sua mulher, tendo um rápido intercurso sexual, e depois para as fogueiras, onde até altas horas da noite trocava impressões e histórias de deuses, homens e demônios.

Nuwanza observara esse ritual quase diário e, concluindo que seria bem aceito por Rebeca, entrou, durante a ausência de Itzchak, na tenda, quando as damas de companhia já estavam recolhidas na tenda ao lado. Encontrou a bela dama dormindo nua, apenas coberta com uma manta fina de linho.

A tenda estava às escuras e a lua cheia permitia que se pudesse ver na penumbra. Nuwanza esgueirava-se como um tigre, olhando cuidadosamente, até encontrar quem procurava. Era o máximo de audácia de um simples servo. Se fosse pego, seria morto. Descobriu a bela presa e deitou-se completamente nu ao seu lado, abraçando-a gentilmente. Rebeca dormia tão profundamente que não sentiu quando Nuwanza colou-se a ela. Ele começou a passar a mão nos seus seios e, depois, entre suas pernas. Nesse momento, Rebeca começou a despertar e se assustou com aquele homenzarrão ao seu lado. Nuwanza, rapidamente, tapou sua boca para que não gritasse e disse-lhe baixinho:

– Sou eu, Nuwanza.

As coisas se passaram na cabeça dela com uma velocidade surpreendente. Ela reconheceu Nuwanza, aquele pastor peludo, que

144 | A Saga dos Capelinos

sempre a acumulava com petiscos e gentilezas. Não havia o que temer; era um homem conhecido. Mas o que fazia deitado nu ao seu lado? Que cheiro bom! Que pelo macio e que mãos gostosas! Assim pensando, a mulher entregou-se à volúpia daquele homem, ela própria cheia de concupiscência.

Noite após noite, Rebeca esperava por Nuwanza, com verdadeira impaciência. O homem a introduziu no sexo cheio de carícias e gentilezas; variavam de posição, trocavam afagos... Rebeca tornava-se uma mulher completa.

A vida é cheia de surpresas e, da maioria delas, nós nem nos damos conta. Rebeca vinha de uma família em que as mulheres, eventualmente, emitiam dois óvulos por vez. Em tal circunstância, ficando grávidas, tinham tendência de ter filhos gêmeos não univitelinos, portanto diferentes. Ela estava em seu período fértil, e Itzchak, com sua costumeira rapidez, ejaculou e foi embora para suas conversas de fogueira. Seu esperma subiu por dentro da mulher, encontrando um dos óvulos e fecundou-o. Mais tarde, Nuwanza entrou na tenda da mulher, possuiu-a com paixão, e também ejaculou, fecundando o outro óvulo que descia pelas trompas. Rebeca fora engravidada por dois homens simultaneamente.

A gravidez foi muito bem recebida por todos, especialmente por Avraham, que temia morrer e não ver a descendência de seu filho predileto. Com o aumento do volume, Rebeca ficou ainda mais ansiosa por fazer sexo, mas Itzchak afastou-se dela porque acreditava que poderia machucá-la. Nuwanza, por sua vez, tornara-se ainda mais assíduo, não faltando uma noite sequer. Tornara-se, entretanto, descuidado. Ao invés de esperar que o acampamento caísse no sono, preferia ir mais cedo porque Rebeca queixara-se de um acachapante sono durante a madrugada.

Nuwanza fora visto por um dos pastores, exatamente na hora em que entrava na tenda. O pastor o esperou e, depois, conversou longamente com ele, descobrindo o romance secreto entre Nuwanza e Rebeca. O pastor reportou o fato a Eliezer, que chamou Nuwanza e,

Os Patriarcas de Yahveh | 145

dando-lhe de sua fortuna pessoal uma grande quantidade de peças de ouro e prata e mais cinquenta cordeiros, mandou-o embora incontinenti. O pastor que tudo descobrira também foi agraciado com uma quantidade ainda maior, mas teve que partir naquela mesma manhã com sua família. Eliezer não queria que o assunto se alastrasse, temendo que Avraham, se suspeitasse do ocorrido, não reconheceria o filho de Rebeca, obrigando-a a separar-se de seu amado filho.

Nuwanza partiu com o coração condoído; amava a deusa. Levou seus filhos e instalou-se na Síria. O outro pastor não foi tão afortunado, já que seria assaltado no caminho para o Kemet, tendo sido degolado por bandidos beduínos.

O parto foi uma agradável surpresa para todos; ninguém esperava gêmeos. Eram dois meninos bonitos e fortes, que logo choraram e mamaram avidamente. O que nasceu primeiro, o primogênito, foi chamado de Esaú – o peludo – já que nasceu com o cabelo ruivo e uma leve plumagem que lhe cobria o corpo. Era um bebê rosado, forte, robusto, belo e vigoroso. Dava para notar que tinha ossos fortes e pesados. O outro foi chamado de Yacob e também era bem-constituído, mas tinha uma compleição mais leve e esbelta.

Esaú era um espírito terrestre, rude e limitado. Tinha se desenvolvido durante séculos nas savanas africanas, nas florestas europeias e nas estepes eurasiáticas. Yacob era um capelino de primeira hora. Fora sumério, harapense de Mohenjo-Daro e kemetense. Estava longe de estar na fase final de evolução de sua longa purgação terrestre, não estando ainda pronto para voos maiores, seja em Ahtilantê, seja em outro planeta habitado por uma humanidade mais fraterna.

Avraham encantou-se com seus dois netos, mas, à medida que cresciam, mostrando suas diferenças físicas, o velho foi estranhando e desconfiando de que algo estivesse errado. Yacob era o rosto de sua adorada Sara, mas Esaú era diferente de todos. Eliezer desconfiara da possibilidade de Esaú ser filho de Nuwanza, baseado

146 | A SAGA DOS CAPELINOS

no fato por ele observado de que as cadelas no cio cruzam com vários cães, apresentando mais tarde filhotes diferentes que lembram seus genitores. O velho damasceno jamais contaria para ninguém sua desconfiança.

Por sua vez, Itzchak mudara muito com a chegada dos filhos. Tornara-se um pai afetuoso e um marido mais dedicado. Rebeca sofrera com a perda do amante, que sumira sem deixar traços e nem sequer se despedira. Com isso, só lhe restara voltar-se para o marido e, intuitivamente, com a experiência adquirida com Nuwanza, começou a ensinar, dissimuladamente, como deveria amá-la. Trilhou, instintivamente, o mesmo caminho que Sara para domar a rapidez amorosa de Avraham, e com sucesso.

Itzchak nunca chegou a ser o amante ideal como fora Nuwanza, porém melhorara em muito seu desempenho. Rebeca teria mais duas filhas. No último parto, contraiu uma séria infecção que quase a matou e a esterilizou para sempre.

À medida que os meninos se tornaram adolescentes, ficava cada vez mais evidente que eram totalmente diferentes um do outro. Esaú era alto, robusto e lerdo. Sua inteligência era bovina e sua atividade principal era dedicar-se à caça. Sua função era importante para exterminar os animais selvagens que atacavam os rebanhos de Avraham. Yacob, por sua vez, era pastor por obrigação e um poeta por natureza. Aprendera a ler e escrever com Eliezer e, entre tantas coisas que sabia fazer, destacavasse a produção de tapetes. Era uma atividade feminina que aprendera com a mãe e que adorava, pois relaxava sua mente atarantada e delirante.

Os dois adolescentes transformaram-se em homens feitos e mal conversavam entre si. Tinham temperamentos tão diferentes que se davam bem, mas não se importavam um com o outro. Não era desamor ou ódio, apenas indiferença.

Esaú conheceu algumas mulheres de uma tribo de hititas, nômades que passavam grande parte do tempo perto da torrente do Kemet, um rio que nasce e cruza o Sinai. As mulheres de

Os Patriarcas de Yahveh | 147

cabelos negros encaracolados, pele branca e jeito esfogueado eram muito belas, e Esaú acabou casando-se com duas delas, após adquiri-las de seus pais em troca de cordeiros, camelos e pedras preciosas.

Judite e Basemat, duas hititas de beleza ímpar, foram motivo de escândalo para Rebeca e Itzchak. Avraham também se aborreceu e comentou com Itzchak que deveria persuadir Yacob a casar com mulheres de Haran, preferencialmente com parentes de Labão ou descendentes de seu irmão Nacor.

O velho Avraham, com idade acima de oitenta anos, estava muito alquebrado, como não poderia deixar de ser, devido à vida cáustica que levava, contudo tinha a mente lúcida. Chamou, certa feita, seu filho Itzchak e lhe disse:

– Itzchak, você não é meu primogênito, porém é fruto do grande amor de minha vida. Seu irmão Ismael, que vejo sempre, está pelas bandas das Arábias, onde tornou-se imensamente rico e poderoso. Tem filhos e netos. É feliz e eu o sou por ele.

Itzchak tomou, displicentemente, de uma tâmara seca, colocando-a na boca enquanto escutava o pai falar.

– Estou velho. Yahveh, meu poderoso deus, cumpriu o prometido e deu-me tudo o que desejava. No entanto, o tempo passa e a minha morte se aproxima a passos largos. Por isso, muito meditei e decidi fazer como meu pai Tareh fez comigo. Ou seja, repartirei minha fortuna com meus filhos, ainda em vida, para que não lutem depois da minha morte e amaldiçoem meu nome.

Itzchak empertigou-se mais; o assunto o interessava. Avraham prosseguiu:

– Darei dois mil cordeiros para cada filho homem e o mesmo a cada filha mulher casada, que deverão apartar-se deste lugar, indo para acima de Betel ou abaixo da torrente do Kemet. Para você sobrarão mais de doze mil cordeiros, o que é, convenhamos, mais do que recebi de meu pai. Sugiro que fique aqui em Gerara, já que o

148 | A Saga dos Capelinos

filho de Abimelec, que Yahveh guarde seu espírito, e seu povo nos amam, tendo feito reiteradas alianças com nossa casa.

Itzchak não era um indivíduo avarento. Aceitou bem as ideias paternas e meneava a cabeça em assentimento. Avraham, deitado nos tapetes, levantou um pouco a cabeça e chamou-o mais para perto, olhando de um lado para outro para ver se ninguém o escutava. Itzchak, intrigado, aproximou-se ligeiro.

– Meu filho, o que vou lhe contar irá ferir-lhe os sentimentos, mas como pai devo lhe falar de minhas dúvidas.

Itzchak preocupou-se, franzindo os cenhos.

– Seus filhos são como água e fogo. Não devem permanecer juntos. Se isso acontecer, irão traí-lo e se matarão mutuamente. Nossa descendência irá cessar aqui, e isso não pode acontecer. Yahveh disse-me em sonhos que serei o dono dessa terra e assim o serão meus descendentes.

Os dois descendentes eram bem diferentes um do outro. O ruivo Edom, também chamado de Esaú – peludo –, era rude e excessivamente limitado intelectualmente, para manter uma conversa de dez minutos. Era monossilábico, grunhindo como se fosse um urso e lerdo, a ponto de não entender um chiste. Sansavi sabia que ele era filho de Nuwanza, pois fora um dos seus obreiros quem despertou o pastor que o denunciara e acabara com aquele amor impudico que podia terminar em derramamento de sangue.

Yacob era o contrário; excessivamente inteligente, na opinião de Avraham, não se sujeitando a nada e a nenhuma lei ou ordem. Sempre fugia do trabalho pesado e, como bom capelino que era, mentia com terrível desfaçatez, inventava histórias com viva imaginação, além de ser um larápio, pois era dado a pequenos furtos e imbróglios. Itzchak não lhe prestava atenção, mas Avraham, sagaz e observador, via na atitude do neto um perigoso precedente que poderia tornar-se crítico numa sociedade tão simplória quanto aquela.

Avraham tinha restrições quanto ao caráter de Yacob e Sansavi sabia que o patriarca não apreciava os filhos de Itzchak. Orofiel e

Os Patriarcas de Yahveh | 149

Sansavi haviam discutido longamente sobre Yacob e o coordenador-geral concluíra que era preciso forjar o caráter de Yacob numa quente fornalha de trabalho, privações e meditação. Sansavi e seus obreiros deveriam operar a mudança de atitude de Itzchak.

– Que sugere que faça, meu pai?

– Mande Yacob embora. Não lhe dê nada a não ser um anel que o distinga dos outros e envie-o à casa do seu tio Labão, homem muito rico e poderoso em Haran.

Itzchak ficou absorto com as palavras do pai. Por que não enviá-lo com rebanho, ouro e prata, se tinham tanto? Avraham, inspirado por Sansavi, que lia os pensamentos de Itzchak, respondeu-lhe:

– O homem deve ser forjado na fornalha do sofrimento. Yacob tem tudo e nada faz para ganhá-lo. É moroso e tem um caráter ambíguo. Usa sua inteligência com excessiva astúcia. Ele engana os simples e desfruta dos humildes. Yahveh apareceu-me em sonho e deu-me ordens estritas sobre Yacob. Disse-me que será um grande homem e sobre sua descendência irá fundar uma nação, todavia terá que ser lapidado pelo trabalho duro, pelo sofrimento e pela contrariedade.

– E quanto a Esaú? Acho-o tão estranho. Nem parece meu filho.

Sansavi não queria que Avraham soubesse do neto espúrio, pois temia que seu eleito se tornasse iracundo e mandasse matá-lo, cometendo grande desatino. Portanto, Avraham jamais soube que Esaú era filho de um detestável mushki, um myceano ou, quiçá, um frígio. Sansavi desviou seu pensamento para uma desculpa qualquer.

– Claro que é. Tem a cor das pessoas da mãe de Rebeca. Assim como os carneiros, deve ter puxado um avô, enquanto que Yacob puxou a Sara, sua mãe. Você fará o que estou lhe pedindo?

– Claro que sim, meu pai.

– Muito bem, e quando fará isso?

– Quando você quer que eu faça isto?

150 | A Saga dos Capelinos

– Que seja o mais rápido possível. De preferência, antes das grandes chuvas para que ele possa viajar em paz e atravessar os grandes rios com facilidade.

Itzchak preocupou-se com Rebeca; Yacob era seu preferido. Teria que usar de astúcia para que a mulher não o impedisse de agir. Contou-lhe tudo com muito cuidado e dizendo que eram ordens expressas de Yahveh, não podendo ser desobedecidas. Rebeca admoestou o marido, dizendo-lhe que, desta forma, Yacob não poderia comprar uma noiva do tio. Itzchak ficou irredutível e a mulher não teve outra opção a não ser se resignar em perder temporariamente seu bem amado filho.

Yacob tinha vinte e cinco anos. Já era tio de vários filhos de Esaú, que agora já tinha comprado mais duas outras mulheres de origem cananeia. Este fato trouxe ainda mais desgosto aos pais. Além de todas essas mulheres, ele se casou com uma mulher adamita, neta de Ismael, sua prima em segundo grau.

Yacob já tivera contatos sexuais com servas e escravas, no entanto, sempre que falava em casar, a mãe o dissuadia, dizendo que nenhuma era boa o suficiente para ele. Sexualmente, Yacob era um apaixonado amante que não devia nada a ninguém. Longe de ser apressado como o pai e o avô, tomava-se de gosto pela atividade amorosa, demorando bastante nos prolegômenos e transformando o ato em si numa rapsódia amorosa. As servas e escravas que lhe caíram nas graças comentavam suas proezas sexuais com certo exagero, transformando-o numa espécie de campeão da arte.

Mesmo com todas as reclamações maternas, cinco dias depois, Yacob, junto com mais dois servos que o iriam acompanhar até parte do caminho, partiu com a missão de ir até Haran conhecer o tio Labão e encontrar uma noiva. Não levava riquezas nem dote; viajava como o mais pobre dos homens. Só era rico em astúcia.

Capítulo 5

Y acob saiu do acampamento acabrunhado. Sabia o que o aguardava. Não era uma missão de compra de uma noiva, pois onde estavam os camelos cheios de tecidos, joias e ouro? Onde estavam os jumentos cheios de tesouros para presenteá-la? Nada, ele tinha sido mandado embora com nada, somente um anel que não valia grande coisa aos olhos dos outros e que apenas lhe conferia a dignidade de ter nascido na mesma família do tio Labão. Sua mãe, entretanto, lhe havia dado quatro minas, o que era bastante, se fosse esperto. Ele saiu com o dinheiro costurado na roupa.

Sua mente hiperexcitada não o deixava descansar. Havia andado o dia inteiro e, quando a noite caiu, resolveram montar um pequeno acampamento. Estavam perto de Betel e os dois servos que o acompanhavam já dormiam, há mais de meia hora. Yacob estava encostado numa pedra que não lhe dava maiores confortos. A noite era negra como azeviche. Não havia lua. A pequena fogueira havia se apagado, porquanto lhe haviam negado lenha suficiente.

152 | A Saga dos Capelinos

Yacob estava pensativo, quando subitamente, como se a negridão do céu fosse rasgada de alto a baixo, apareceu uma fenda de luz intensa que lhe ofuscou os olhos. Levou alguns segundos para se recompor do susto e aclimatar a vista à fulgurante luz que amainou para deixar ver uma passagem, como se fosse um túnel suficientemente largo para passar quatro pessoas juntas e levemente oblíquo de forma ascendente. Dava a impressão de ser uma ligação entre a terra e o céu. Apareciam vários espíritos que entravam e saíam do longo túnel. O que era tudo isso? Para Yacob, um caminho para o céu. Na realidade, apenas uma visão formulada por Sansavi. Não existia nada a não ser uma imagem, uma forma-pensamento, que o arcanjo estava produzindo para insuflar-lhe esperança, fortaleza íntima e determinação.

Um belo espírito, com asas brancas – sempre a mesma forma-pensamento de Sansavi –, enviou-lhe uma mensagem que explodiu em sua mente.

– Eu sou Yahveh, o deus de Avraham e Itzchak. Olhe bem para essa passagem, pois é por ela que descem e sobem as almas dos homens. Sobem aos céus e lá encontram a mansuetude de uma consciência tranquila, e descem aqueles que ainda portam o fogo do remorso em seus corações. Vá para Haran e trabalhe duro. Que de tua boca não saia um vitupério, uma lamentação e um ai de dor ou fadiga. Ficarás naquelas plagas pelo tempo que eu determinar. Nem um dia mais ou um dia menos. Quando tiveres que sair de teu degredo, eu o indicarei, com sinais irrefragáveis. Obedece-me e far-te-ei imensamente rico e poderoso. Desobedece-me e te farei sofrer agruras tamanhas que os teus dentes cairão, teus dedos murcharão e tua língua secará. Se me fores fiel e lídimo trabalhador, multiplicarei tua descendência e dela farei uma nação. Se me contrariares, reduzir-te-ei a menos do que pó das estradas onde todos pisam e os animais defecam e urinam. Transformarei, por meio de doenças terríveis, teu corpo numa carcaça imprestável, que terás que arrastar pelos caminhos do mundo. Teu cérebro queimará em

Os Patriarcas de Yahveh | 153

fogo por um arrependimento tardio que não aceitarei, e terás que voltar à Terra em corpo tão deformado que até tua mãe terá nojo e te rejeitará. Farei tudo isso, pois sou Yahveh, o deus todo-poderoso de Avraham e Itzchak.

Yacob, totalmente tomado do mais completo terror, urinou-se de medo e desmaiou, só acordando cedo de manhã, quando o sol iniciava sua viagem pelo céu.

Muitas vezes, um pai é obrigado a oferecer prêmios magníficos a um filho tinhoso, e, como contrapartida, ameaçá-lo de castigos inomináveis. Se a criança não fosse um pervicaz infrator das normas paternas, o pai não seria obrigado a ser tão severo. O medo, muitas vezes, é um instrumento excelente de persuasão, especialmente quando o espírito é renitente.

• • •

Sansavi havia, certa feita, perscrutado a mente mais profunda de Yacob e descobrira o seu passado longínquo. Tudo começara em Ahtilantê, com Martuky, uma mulher de beleza excepcional. Sua raça era considerada inferior pela maioria dos azuis e dos verdes. No entanto, ela era linda. Tinha olhos negros enormes, em contraste com a maioria dos azuis dos demais ahtilantes. Nascera pobre numa das muitas favelas de um país chamado Liamer, a mesma que abrigara Ken-Tê-Tamkess, que viria a se tornar Osíris. Sua mãe, pobre, não lhe deu estudo e educação. Ela se criara na rua e aprendera com os mais velhos. O pai lhe era um desconhecido.

Martuky havia sido, em existência anterior, uma nobre, uma mulher rude, que abusara dos cinzas, quando ainda existia escravidão. Agora, como cinza, pagava pelos abusos cometidos contra a nobre raça que fora inferiorizada por preconceito e por ter um desenvolvimento cultural diferente dos azuis e verdes. Sua beleza

154 | A SAGA DOS CAPELINOS

era notável e, quando se tornou adulta, a prostituição foi o caminho mais lógico e inevitável.

Os púrpuras adoravam as mulheres cinzas e muitas eram levadas para casamento ou para trabalhar em bordéis de alto luxo em Tay-Bhu-Tan, capital da Confederação Norte-Ocidental de Ahtilantê. Martuky foi convidada para ser prostituta num bordel de alto luxo, frequentado somente por pessoas ricas e bem-situadas.

Neste lupanar, ela conheceu um rico empresário chamado Rhamador, que se encantou com ela, tendo lhe feito uma proposta irrecusável: tornar-se sua esposa. As bodas foram quase secretas, pois o empresário não fez questão de muitos convidados, mas, sagaz como era, fez um contrato pelo qual a ex-prostituta continuaria sendo pobre no caso de declarada infidelidade, da morte do empresário ou de um repúdio do marido.

A jovem e inexperiente mulher não se importou com a quantidade de papéis que teve que assinar, porquanto ainda era ignorante e iletrada.

O tempo passou e o casal vivia em perfeito idílio. Martuky não amava o marido, mas tinha por ele carinho e uma dedicação toda especial. Afinal das contas, fora ele quem a tirara de uma vida incerta para uma vida de luxo e riqueza. Ele tivera o cuidado de lhe conseguir professores de etiqueta que lhe ensinavam todos os detalhes da complicada forma de se comportar em sociedade.

Martuky não era estúpida. Em pouco tempo viu que era apenas um bibelô de luxo do marido, que a apresentava como se fosse a sua mais recente aquisição. Mas isto teria um preço, pois ele era um homem velho, desprovido de beleza e de charme, enquanto a introduzia numa sociedade de belos homens, viçosos e na espreita por um caso de amor inconsequente.

Bhuytan era um espécimen raro de beleza púrpura. Ele trazia sangue verde nas suas veias, sendo, portanto, alto e forte como um verde. Sua pele era uma mescla do sangue púrpura do pai e do sangue verde da mãe, sendo de um marrom quase escuro, com

Os Patriarcas de Yahveh | 155

olhos verdes. Para completar seu tipo fascinante para as mulheres de então e daquele lugar, ele era charmosamente amoral.

Bhuytan, quando viu a beleza fascinante de Martuky, numa festa dada por um magnata da alta sociedade, resolveu que ela seria sua, de qualquer maneira. Não era amor, e sim um misto de concupiscência e vingança. Resolveu, a todo custo, conquistar a bela presa.

Rhamador nascera rico. Fora criado de forma amoral. O pai, um rico empresário, achava que o dinheiro era tudo, podendo ser conseguido de qualquer forma, honesta ou não. Aliás, parte do que possuía fora conquistado com o comércio ilegal de armas, o jogo, que era proibido, e a venda de favores na área política. Rhamador tornou-se ainda mais requintado do que seu pai, que fora seu mestre e paradigma. Duplicou a imensa fortuna do pai e se tornou um agiota de fama internacional. Com sua atuação amoral, levou várias famílias notáveis à falência, seja porque fundiu empresas, seja porque fazia movimentos agressivos em bolsas de valores para se apropriar de empresas a um preço irrisório.

Bhuytan fazia parte de uma família que fora destroçada por Rhamador. Não fora um movimento voluntário, mas as articulações políticas do magno empresário, assim como suas obras no mercado de ações, levaram o pai de Bhuytan à bancarrota e, daquele estado financeiro ao suicídio foi um passo. Bhuytan odiava profundamente Rhamador, culpando-o pela morte e desonra do pai. Em parte era verdade, mas, no fundo, o genitor era um ser inescrupuloso e também havia apostado todas as suas fichas numa jogada que deu errado. Suicidou-se não porque perdera a fortuna conseguida honestamente, pois enriquecera ilicitamente, mas porque a pobreza lhe era intolerável.

Bhuytan e sua mãe não acabaram na rua da amargura graças à previdência da genitora, que sempre guardara dinheiro no tempo das vacas gordas. Não era uma fortuna, mas dera para continuar frequentando a alta sociedade, porquanto a família da genitora era

156 | A Saga dos Capelinos

proveniente da mais alta estirpe social. Bhuytan, para sobreviver, tornara-se uma espécie de sacerdote do culto à deusa-mãe Naqued. Esta deusa-mãe era muito procurada por homens e mulheres que desejavam favores relativos ao matrimonio e à maternidade. Bhuytan encontrara neste culto uma forma de ganhar dinheiro e ser convidado para várias festas, que lhe abriam as portas para o romance, o dinheiro fácil e conhecimentos sociais.

Bhuytan desejou a bela Martuky não só por sua rara beleza, mas como uma forma de atingir o seu adversário. Ele se aproximou dela com todas as mesuras e com voz melíflua, cheia de contrastes, quase assobiando, o que era considerado de bom tom entre os púrpuras. Martuky não se animou com tal aproximação; era esperta o suficiente para saber que correria graves riscos. Não tinha paixão pelo marido, mas não queria ser apanhada em flagrante adultério e voltar a ser acachapante e ignobilmente pobre. Tudo, menos a pobreza. Tudo, menos o dignificante trabalho.

Bhuytan viu, durante a festa, que seria uma forma de atingir o seu desafeto e insistiu em aproximar-se da bela mulher. Quanto mais ele se insinuava, mais ela se afastava, mas o jovem era sagaz; aproximava-se quando o marido não estava presente.

Que o jovem era belo, disto não havia dúvida, pensava Martuky, mas existia algo de maligno em seu olhar. Ele podia fazer olhares lânguidos, mas por trás de seu charme existia um tigre à solta. Martuky não estava de todo errada, pois o jovem era quase sempre acompanhado do espírito daquele que fora seu pai. O suicida passara alguns anos nas trevas expiando seu crime, mas, ao invés de tentar se aprimorar, estava à procura de vingança. Num mecanismo típico de transferência, havia colocado a culpa de seu infortúnio na figura de Rhamador e desejava vingar-se dele a qualquer custo. Os dois, unidos pela mesma ideia de vingança, viram em Martuky o caminho para destruir o megaempresário.

Nos dias que se seguiram à festa, Bhuytan fez de tudo para conquistar a bela Martuky, mas todos seus esforços redundaram em

Os Patriarcas de Yahveh | 157

seguidos fracassos. Não porque a bela fosse de uma enorme pureza, mas porque era esperta o suficiente para não trocar a segurança da riqueza pelas delícias do sexo.

Se fosse em outras condições o galanteador teria desistido, pois esta é a técnica do sedutor: lançar seus olhares fesceninos para o maior número possível de mulheres na expectativa de conseguir obter os favores daquelas que se interessarem por ele.

Contudo, a recusa de Martuky só o excitava mais, nem tanto para conseguir seu intento de possuí-la sexualmente, mas, principalmente, para atingir seu objetivo de destruir o velho empresário. Ele acreditava que, se conseguisse fazer com que a mulher abandonasse Rhamador, ele ficaria profundamente ferido em seu orgulho, abrindo uma brecha para sua vingança. Neste ponto, o filho e o defunto pai estavam certos, porquanto Rhamador não amava a sua mulher, sendo ela um bibelô que ele levava a tiracolo para mostrar sua masculinidade aos demais. Se ela o abandonasse, ele ficaria desmoralizado perante seus pares.

Martuky fugia dele. Não havia, portanto, como conquistá-la. Mas ele tinha que alcançar seu intento e, sob a influência nefasta de seu pai, arquitetou um plano diabólico.

Bhuytan, sempre atento, viu que a bela Martuky ia diariamente fazer suas abluções rituais nas águas santificadas do templo da deusa-mãe Naqued, pois ela queria ter um filho de Rhamador para assegurar sua posição futura. Um filho lhe daria a segurança de herdar a rica mansão e tudo o que nela houvesse, pois tinha receio do filho mais velho de Rhamador, imaginando que ele poderia deserdá-la, caso o pai morresse. Martuky conversou longamente com a pitonisa, e Bhuytan, escondido atrás de um biombo, escutou todas as palavras.

Havia, na sociedade de então, um homem jovem, belo, muito rico e desejável pelas mais lindas mulheres da época. Era um empresário de grande sucesso e todos o conheciam pela sua notória

158 | A Saga dos Capelinos

vida social, pelas festas milionárias que dava e por estar sempre nas colunas sociais dos principais noticiários. Seu nome era Luken.

No mesmo dia em que Martuky abrira seu coração para a pitonisa, por uma dessas coincidências do destino, o magnata Luken havia ido fazer as suas oferendas a Naqued, já que estava com casamento marcado para dentro de um mês. Bhuytan o viu entrar no templo, exatamente quando Martuky saía por uma das portas laterais.

Na mente criminosa de Bhuytan, o magnata Luken era a pessoa ideal para que obtivesse o resultado almejado. Ele era o mais feroz concorrente de Rhamador e uma pessoa muito mais notável no mundo social. Pensou que seria melhor que o escândalo estourasse sobre a cabeça do rival de Rhamador do que sobre a dele, pois ele era ninguém na sociedade, a não ser o filho de um falido e desgraçado suicida.

Nos dias seguintes, preparou detalhadamente seu plano, tendo feito todas as articulações de modo minucioso. Bhuytan aproveitou a primeira festa em que eles se encontraram. Luken tratou Bhuytan com profunda arrogância, mas ele sabia ser melífluo quando lhe interessava e, aproveitando um instante a sós com o magnata, disse-lhe:

– A vida é interessante. No outro dia mesmo, uma bela dama, a mais desejável da cidade, ouso lhe dizer, esteve no templo de Naqued e confidenciou à sacerdotisa que sentia um imensa atração por ninguém menos do que você, mas que não era correspondida nem sequer notada. Escutei quase sem querer as suas lamúrias, que me cortaram o coração.

E assim falando, fez um gesto como se fosse se afastar e disse:

– Por Naqued, eu não deveria comentar isso.

O empresário segurou-o pelo braço e, fazendo-se de gentil, perguntou-lhe, mordido da mais viva curiosidade:

– Não se vá assim tão rápido. Você precisa me dizer o nome dessa dama para que eu possa reverenciá-la com todo o meu respeito.

– O meu amigo sabe que não posso comentar essas coisas. Tudo o que é dito no templo passa a ser sagrado.

Luken segurou-lhe o braço e perguntou, em tom de confidência:

– De um homem para outro, quem é a criatura?

Bhuytan disse-lhe, baixinho:

– Trata-se da senhora Martuky, esposa de Rhamador.

O empresário abriu os olhos surpreso e, logo depois, sorriu satisfeito. Martuky era uma deusa. Bhuytan percebeu aquela mudança de expressão: o peixe beliscara a isca. Faltava agora fazer com que caísse no anzol.

Luken voltou a segurar o braço de Bhuytan e aproximou-se do ouvido, perguntando-lhe:

– Tem certeza disso, homem? Ela me parece sempre tão circunspecta.

– Você não ia querer que se jogasse nos seus braços na frente do marido!

Luken riu da insinuação. Realmente, não poderia desejar tal ato, mas, agora que sabia, aquela bela mulher tinha que ser dele. Seus olhos brilhavam e sua mente vagava em delírios românticos e, sobretudo, sexuais. A voz de Bhuytan trouxe-o de volta.

– Terei o maior prazer em ajudá-lo, meu amigo. Poderei marcar um encontro secreto com a dama numa das casas de minha propriedade, onde, a sós, vocês poderão encontrar a felicidade juntos. Ninguém os importunará. Estarão completamente a salvo.

Os homens, especialmente, os mais jovens, perdem a cabeça diante de uma bela mulher que lhes oferece seus carinhos. O jovem empresário, incitado em seus brios de macho, assentiu e mordeu a isca.

Dois dias depois, a jovem Martuky foi convidada por um homem, que se apresentou como serviçal subalterno do templo, a visitar a pitonisa, que havia recebido uma mensagem da grande deusa. A jovem retirou-se do seu lar, logo após o marido ter saído para fazer sua ronda vespertina. No mesmo instante, outro

160 | A Saga dos Capelinos

homem, intitulando-se também um serviçal do templo, conduzia o empresário Luken para uma casa escondida em bairro de operários, onde encontrou Bhuytan, que lhe disse para entrar e esperar que a sua deusa não tardaria.

Bhuytan mandou um serviçal personificar um monge do templo, recepcionar Martuky e explicar que a pitonisa teve que sair para ajudar num parto difícil e que lhe pedia que o acompanhasse até um local próximo. A moça não teve nenhuma suspeita, já que a sacerdotisa era sua particular amiga. Desse modo, seguiu o homem até a casa onde Luken a esperava.

A casa era medianamente grande, com oito cômodos. Luken esperava num deles, enquanto Bhuytan entrava silenciosamente, colocando Martuky em outro aposento. Disse-lhe para esperar, já que a pitonisa estava na sala ao lado, e que tomasse a beberagem que lhe ofereceu, seguindo as instruções da sacerdotisa.

Como a religião era cheia de rituais complexos, poções mágicas, oferendas dentro e fora dos templos, a moça bebeu o líquido, acreditando que isso lhe daria condição de engravidar e ter o tão desejado filho de Rhamador. Em alguns minutos, estava sedada e adormecida sobre a cama. Bhuytan tirou-lhe facilmente a roupa, despindo-a com cuidado, e colocou-a estirada, de forma lânguida e sensual, na cama. Saiu do quarto e foi ao encontro de Luken, que, impaciente, andava de um lado para outro.

– Onde está Martuky?

Bhuytan disse-lhe que ela havia se atrasado, e estava tomando um banho para que estivesse bela e cheirosa para seu deleite. O empresário fremia de júbilo e impaciência. Bhuytan, diabolicamente, disse-lhe para ingerir uma poção mágica que lhe daria o vigor de dez homens. Luken bebeu-a avidamente, deleitando-se com seu gosto um pouco azedo e antegozou as delícias que imaginava que viria a ter com a bela morena. Sentiu um leve torpor nos membros e sua cabeça rodou levemente. Apoiou-se em Bhuytan e, com a voz engrolada, perguntou:

Os Patriarcas de Yahveh | 161

– É assim mesmo? Estou meio tonto.

Bhuytan disse-lhe que o primeiro efeito era um sono reparador de cinco minutos e que, depois, acordaria com uma disposição descomunal. Luken adormeceu em poucos instantes sob o efeito da poderosa sedação. Bhuytan ergueu-o e levou-o para o quarto onde dormia profundamente Martuky. Tirou-lhe a roupa, os sapatos e colocou-o na cama com a bela adormecida. Ajeitou o corpo do empresário de forma a parecer que estavam se abraçando e colocou-se na porta da casa. Resfolegou pelo esforço feito e passou a mão em sua testa suada. Tinha ido longe demais para voltar atrás.

Na hora marcada, um amigo de Bhuytan, também mancomunado com a trama, falou para Rhamador que sua mulher tinha pedido que ele fosse até uma determinada casa, pois lá lhe faria a maior surpresa de sua vida, que culminaria com uma alegria inexcedível. O megaempresário seguiu o amigo até a casa estabelecida e entrou, já chamando por sua bela amada. Um serviçal, o mesmo que trouxera Martuky, o acolheu, cheio de mesuras, dizendo que sua mulher estava repousando e que ele a levaria até onde se encontrava a bela diva.

Rhamador o seguiu e ele abriu uma porta, permitindo que o velho empresário entrasse. O quarto estava escuro, pois já era fim de tarde, e a pesada cortina tampava completamente a luz do sol. O marido, cujos olhos levaram alguns segundos para se adaptar à súbita escuridão, não queria crer no que eles lhe mostravam: sua mulher, nua, deitada e abraçada com um outro homem. Quem era aquele canalha? Esses segundos de dúvida e embaraço foram terríveis para o infeliz. Ele levou um golpe forte na nuca e desacordou.

Rhamador acordou com uma dor de cabeça lancinante e ensopado de sangue. Segundos depois, não sabendo como, entraram dois policiais que o prenderam na hora, enquanto ele gritava quem ele era. Os policiais haviam encontrado Luken morto, com um punhal nas costas. Não havia qualquer sinal da mulher, mas sua

162 | A Saga dos Capelinos

bolsa, com seus documentos, estava jogada num canto. Ela desaparecera.

A polícia levou Rhamador para a delegacia, onde ele foi indiciado como assassino do empresário Luken. O motivo era claro: o falecido era amante da esposa, que estava desaparecida; o marido havia surpreendido o casal em conúbio carnal, tendo-o assassinado, enquanto a mulher fugia espavorida.

Martuky acordou algumas horas depois com uma terrível indisposição. Sua cabeça doía horrivelmente. Ela não reconhecia o lugar onde estava, um quarto pobremente mobiliado. Tentou abrir a porta, mas estava fechada. Começou a esmurrar a porta e a gritar por socorro. Alguns instantes depois, o forte portão se abriu e entrou ninguém menos do que o asqueroso Bhuytan, junto com dois asseclas. Ela recuou com medo. Obviamente havia alguma coisa terrivelmente errada.

Bhuytan sentou-se numa cadeira e contou-lhe como ela fora flagrada pelo marido com o amante, e o velho empresário, num arroubo de ódio, matou com uma punhalada nas costas nada menos do que o famoso Luken. Martuky entendeu tudo num átimo e jogou-se na cama, desesperada, achando que seria morta.

As semanas se passaram com Martuky presa em seu cárcere privado, onde era alimentada e tratada convenientemente. Bhuytan entrara numa certa noite e a possuíra com vigor. Ela permitira, pois sentia-se perdida e não via razão para resisitir a tão vil personagem, que poderia matá-la sem dó e piedade. Depois daquela noite, ele vinha quase sempre na mesma hora e a possuía com paixão e vigor. No início, ela se entregava de forma desgostosa, passiva e sem troca de carinho. Depois de algumas vezes, ela passou a colaborar com o novo amante e chegou ao clímax por diversas vezes. Havia uma dicotomia em sua alma: sentia medo e concupiscência pelo belo homem.

Enquanto isto, toda a sociedade de Tay-Bhu-Tan ficou estarrecida com o crime seguido do desaparecimento da mulher, o que só

Os Patriarcas de Yahveh | 163

comprovava o fato. Para complicar, a casa onde ocorrera o crime fora alugada pelo assassinado, confirmando, portanto, a tese de crime passional. A justiça proclamou o acusado como culpado do crime e o condenou à morte. Após dois anos de longas demandas judiciais, ele foi executado. A figura do jovem empresário assassinado, entretanto, era excelente e todas as vozes ficaram contra o megaempresário, que todos sabiam ser ardiloso e ganancioso nos negócios. No final, uma forma de guilhotina decepou-lhe a cabeça e a morte se consumou. Seu enterro foi melancólico, só comparecendo o filho do primeiro casamento, que não acreditava na acusação.

Com a morte de Rhamador, Bhuytan achou que a mulher deveria morrer também. Era muito perigoso ela permanecer viva, pois sabia de tudo. Só a mantivera viva por achá-la bela e desejável, mas agora já se cansara dela e, numa noite, ao invés de ele entrar no quarto, entraram três esbirros e chacinaram-na a cutiladas. Despedaçaram seu corpo e o levaram para uma pirra funerária, onde o fogo a consumiu rapidamente, fazendo-a desaparecer completamente. A vingança de Bhuytan estava completa.

A vida, todavia, continua no mundo espiritual. O empresário, ao morrer, foi colhido pelas forças positivas do astral e encaminhado a um hospital, onde se recuperou de sua traumática morte. Em poucos meses, tendo sido orientado pelos seus guias espirituais, abandonou completamente a ideia de vingança, pois disseram-lhe que devia deixar isto a cargo da justiça divina.

Martuky também foi ajudada pelas mesmas forças de amor do astral, mas sua reação foi completamente diferente. Havia desenvolvido uma perigosa mescla de amor e ódio por Bhuytan, e sua terrível morte a fizera desenvolver uma ira caliginosa. Seu estado de espírito a fez fugir do hospital e se embrenhar nas trevas, onde rapidamente os alambaques a aprisionaram.

O alambaque-mor daquela região ficou fascinado por sua beleza, assim como por sua disposição tenebrosa de vingança e a fez

164 | A SAGA DOS CAPELINOS

sua amante. Martuky aceitou de bom grado a proteção do perigoso Bokgajet, pois, naquelas paragens, quem não fosse dos alambaques se tornaria prisioneiro deles e seria levado à mais ignominiosa loucura.

Bokgajet, ao se inteirar da história de Martuky, resolveu que iria empresariar pessoalmente tal empreendimento. Chamou um dos melhores chefes de obsessores, que eles chamavam de mijigabak – piolho de dragão –, e mandou-o investigar detidamente a futura vítima.

Alguns dias depois, o mijigabak voltava com um relatório detalhado. Bhuytan era egoísta, vaidoso ao extremo, amoral e facilmente conduzido, por sugestões mentais. Seu falecido pai havia se incrustado ao filho e ambos viviam uma vida mental entrelaçada. Bastava sugerir coisas ao semi-inconsciente do pai que o filho logo obedecia. Bokgajet resolveu que iriam levá-lo ao vício da miridina, que estava se espalhando pelo mundo, e dali à queda final.

Os anos se passaram lentamente. Bhuytan foi levado a todos os vícios simultaneamente: miridina, bebidas alcoólicas e jogo. Seus recursos, que não eram tão poucos assim, foram consumidos e, quando os vícios se tornaram parte de sua personalidade, Martuky e os mijigabaks de Bokgajet levaram o imprevidente à ruína. Ele não era nem sequer a sombra do belo Bhuytan. Agora era um farrapo humano, sendo evitado por todos. Vivia sujo. Perdera todo o dinheiro e as propriedades; andava perambulando pelas ruas, sempre a mendigar algum dinheiro para sua dose de miridina. Sem dinheiro para um vício tão caro, caíra em vícios mais pobres e degradantes.

Os mijigabaks, seguindo ordens de Bokgajet, o estavam levando à loucura e à devassidão de forma lenta, gradativa, de tal modo que ele não notaria nem poderia resistir. Se fosse feito algum movimento mais rápido, a vítima poderia se dar conta de que o demônio estava atrás dele e procurar ajuda nos templos especializados. A gradativa e lenta viciação não deixava margem à reação. Bhuytan estava inevitavelmente sendo levado à loucura completa, que

Os Patriarcas de Yahveh | 165

chegou, finalmente, após dez anos de vícios, degradações morais e ruína física, moral e financeira.

A polícia o internou num manicômio judicial, pois se tornara perigoso. Lá, sem a miridina, a bebida e os demais vícios que o embriagavam, ele sofreu com os sintomas de abstinência de tal ordem que os médicos tiveram que injetar doses imensas de tranquilizantes que o deixavam completamente abobado. Após alguns meses, tornou-se catatônico e morreu num incêndio acidental, junto com alguns infelizes.

Sua ruína não chegara ainda ao fim, pois pai e filho, que haviam se tornado uma unidade, foram logo aprisionados pelos mijigabaks e levados à presença de Martuky, que aproveitou para transmudá-los em duas ferozes mesclas de animais e enfurná-los em abismos tenebrosos, onde puderam curar suas feridas morais.

O Grande Exílio chegou e Bokgajet aceitou fazer parte do grupo de alambaques de Varuna e partiu para a Terra, levando Martuky e seus mijigabaks. Martuky partiu sem sequer notar as grandes diferenças que estavam acontecendo em Ahtilantê, pois sua mente estacionara na vingança e, agora, que havia enchido sua taça de fel, não lhe restava mais energia para viver. Ela se tornara apática e embrutecida. A ida à Terra foi uma bênção, porquanto lá poderia haver o recomeço.

Por sua vez, Bhuytan viera exilado de Capela junto com outros trinta e poucos milhões de almas empedernidas, há cerca de mil e oitocentos anos. Viera e renascera seis vezes antes de vir a ser Yacob.

No início, ao invés de melhorar, empiorara. Nas primeiras existências na Terra, esse espírito empedernido fizera tudo o que lhe aprouvera, infrene e facinoroso. Matara, roubara, enganara, estuprara, colocara a culpa de crimes em outros, testemunhara em falso. Em suma, sem consciência e endurecido no mal, tornara-se um demônio de loucura e malvadeza.

Expiara seus crimes em furnas infernais em companhia de almas tão envilecidas quanto ele próprio. A atuação desgastante do

166 | A Saga dos Capelinos

mal sobre o mal levou-o ao paroxismo da loucura e a pleitear, em preces ardentes, uma nova oportunidade, que lhe foi outorgada, após certo tempo. Renovou-se gradativamente, vida após vida, cometendo um ou outro deslize, mas nenhum de gravidade, vindo finalmente a se tornar Yacob.

Renasceu no seio de uma família de pastores nômades que tinham uma estrutura hierárquica muito sólida. Avraham, o patriarca, era um homem de personalidade forte, que conduzia seu povo, pastores e rebanhos com uma crueza que, muita vezes, beirava a perversão. Não era mau, apenas rude. O fanatismo pelo seu deus deixava qualquer um exasperado.

• • •

Yacob levou algumas semanas para chegar sozinho em Haran – seus servos voltaram a meio caminho – e alcançou a casa do tio, somente com a roupa do corpo. Labão o recebeu com desconfiança e Yacob contou-lhe a verdade.

– Meu tio, sou o segundo filho de meu pai, Itzchak, casado com sua irmã Rebeca. Na realidade, meu irmão gêmeo nasceu alguns minutos antes de mim. Vim tão rápido atrás dele que, brincando, dizem que estava segurando o calcanhar dele. Por isso, meu nome é Yacob, aquele que segura o calcanhar.

– Sim, mas também significa aquele que leva vantagem. Qual é a vantagem que você quer levar sobre mim? – perguntou-lhe o matreiro Labão.

– Eu, meu senhor? Nenhuma, vim aqui para servi-lo e estou disposto a qualquer sacrifício para agradá-lo.

– Sim, sim, conheço a arenga. Deixe eu ver se entendi bem o que você me disse. Como você é o segundo filho, não tem direito a nada, e Avraham, seu avô, ordenou que viesse até aqui para casar-se. Com que dote?

Yacob olhou-o nos olhos e disse-lhe, calmamente:

– Posso trabalhar para meu tio até conseguir dinheiro suficiente de modo a ter um dote.

– Ouça bem o que vou lhe dizer. Não creio que você tenha aptidões para o trabalho duro. Pude observar que suas maneiras são por demais fidalgais e suas mãos são excessivamente finas, o que demostra que nunca pegou numa corda para amarrar um burro bravo. Suas sandálias são novas demais, o que mostra que seus pés caminharam pouco tangendo rebanhos. Além disso, vejo, pela cor de sua pele, que protegeu-se demais do sol inclemente. Tenho certeza de que não andou em intermináveis pradarias ou subiu escarpadas montanhas atrás de ovelhas desgarradas. Você nunca carregou terneiros e afugentou chacais e lobos. Não vejo por que deveria dar emprego a alguém cuja experiência esteja mais para tocar uma lira e cantar belas músicas do que para o trabalho de homem macho na lide do rebanho bravio.

Sansavi havia feito um belo trabalho, porquanto, se não tivesse ainda sob o impacto da aparição, Yacob teria levantado a voz com o tio, tendo uma séria altercação de resultados imprevisíveis. Yacob engoliu o orgulho e disse-lhe com um tom de voz meigo e gentil:

– Meu tio, o senhor é um observador notável. Descobriu num átimo a razão de ter sido enviado para longe de minha casa. Não que eu seja preguiçoso, longe de mim tal defeito de caráter. O que acontece é que temos servos a não mais poder e sempre fui excessivamente mimado. Minha mãe não me permitiu esforços exacerbados para não ferir minha gentil compleição. Toda vez em que ia fazer algo que exigisse maior esforço, um dos meus servos corria e o fazia por mim. O que desejo é deixar esse tempo para trás, pois é de minha exclusiva vontade ter minha própria riqueza e família.

A forma mansa e autoritária como falara impressionara bem Labão, que lhe respondeu:

– Que seja, então. Dar-lhe-ei um trabalho duro e veremos como se comporta.

168 | A Saga dos Capelinos

Estipulou o tipo de serviço que Yacob teria que fazer e um determinado salário do qual descontaria casa, comida e roupa. Quanto a casamento, nada foi falado. Yacob nem sabia se Labão tinha ou não filhas.

Mais tarde, ele conheceu os filhos de Labão, três troncudos e mal-encarados homens, que estavam apascentando um rebanho de ovelhas e cabras. Foi apresentado pelo pai e olhado de esguelha pelos homens.

Deram-lhe como primeira missão ir até um dos morros vizinhos encontrar um rebanho de ovelhas e trazê-lo para poderem desalterar a sede. Desincumbiu-se bem da primeira missão.

Labão colocou-o num estábulo, onde iria viver. Neste local, no final do primeiro dia de trabalho de sua vida, ele conheceu a filha mais velha de Labão, Lia, que veio lhe trazer cobertas, um tapete remendado que serviria de piso e duas roupas velhas e cerzidas de seus irmãos.

A moça sorriu-lhe simpaticamente, e ele retribuiu. Observou-a atentamente. Seu rosto era comum, seus olhos embaçados, sem vida, sua pele levemente macilenta. Não era alta, mas era um pouco gorda para o tamanho. Parecia não ter seios ou, se os tinha, deviam ser achatados. Por outro lado, se tinha um traseiro, devia estar escondido; a mulher parecia uma tábua. Já o seu sorriso era agradável e não era de toda desprovida de algum charme, quiçá, interior. Não lhe apeteceu tê-la como esposa. Para uma noite de amor, no entanto, qualquer fêmea lhe era atraente.

No outro dia acordaram-no tão cedo que o sol não tinha sequer levantado. Não reclamou e correu para seu labor. Trabalhou de forma insana, procurando mergulhar na labuta de tal modo que sua mente não pudesse ser ocupada com outras coisas. Yacob podia ter sido, em Gerara, um relapso, preferindo a ociosidade ao trabalho, no entanto, em Haran, tornara-se um obreiro sério. Por outro lado, em Gerara, mesmo sendo um tapeceiro diletante, entendia muito bem de caprinos e ovinos. Escutava atentamente Eliezer, Avraham e os seus tios, entre eles Zamrã e Jecsã, discutirem a mistura dos

Os Patriarcas de Yahveh | 169

sangues dos caprinos e dos ovinos. Entendia, dentro de sua visão limitada, pragmática, de genética. Esse conhecimento lhe seria de grande utilidade em futuro próximo.

No segundo dia, na hora do jantar, uma nova moça veio lhe trazer a comida, já que não jantava com todos os filhos e filhas de Labão. A moça era esbelta, não muito alta, de uma beleza delicada, fina e quase diáfana. Não devia ter mais do que doze anos, se muito. Ainda moçoila, tímida e insegura, depositou a comida no chão e partiu sem muito falar. Descobriria mais tarde que era a filha mais nova de Labão, chamada Rachel. Sua primeira impressão de Rachel fora melhor do que a que teve de Lia, mas seu corpo cansado não lhe permitiu ideias lascivas.

Rachel revezava-se com Lia para trazer-lhe a comida e algum conforto adicional. No inverno, deram-lhe uma coberta de carneiro toda remendada e mofada, cujo cheiro era insuportável. Cada dia que passava, a jovem Rachel transmudava-se de uma adolescente sem graça para uma mulher esplendorosa, e o olhar acostumado de Yacob não perdia um detalhe sequer desta transformação. Ele ia se enlevando com a jovem, mesmo que suas conversas se restringissem a um mínimo necessário.

Os dias tornaram-se meses e, quando iria completar um ano, ele foi entreter-se com Labão.

– Prezado tio, tenho lhe servido com dedicação, dando-lhe conta com justeza de todos os meus atos. Desejo, no entanto, mais do que tenho hoje. Mesmo sendo agradecido pelo que tenho obtido em sua casa, preciso pensar em amealhar recursos para ter um dote e gerar descendência.

– Muito bem, mas o que sugere?

– O senhor tem uma filha chamada Rachel que me interessa de sobejo. Ela tem o coração puro, a alma limpa e eu a desejo para minha esposa.

Labão coçou sua barba, fez uma pequena pausa e, depois, falou, pausadamente:

170 | A Saga dos Capelinos

– Muito bem, mas só há um único problema. Nossa tradição não permite que casemos a filha mais nova antes da mais velha. Só posso casar Rachel se você se comprometer em casar com a mais velha primeiro.

– Será que não há ninguém em Haran ou Ebla que possa ser digno de Lia?

Labão coçou a barba e colocou o braço no ombro de Yacob, dizendo-lhe:

– Uma boa ovelha pode parir muitos filhotes. Alguns são belos e outros são feios. Lia está no rol das que não levaram sorte na vida. Não há pretendentes para ela e bem que eu a daria para um moço que fosse trabalhador desde que...

– Sim...

– Bom, sejamos honestos. Ela vale muito pela ascendência que tem, pois, assim como eu e você, ela tem sangue de Tareh nas veias. Desse modo, faço um trato com você. Trabalhe sete anos apenas por casa e comida e lhe darei Lia.

– Creio que o senhor não me entendeu. O que desejo é Rachel. É a ela que desejo dar meu coração.

– Bobagens infantis! Não existe nada disso. O que há são homens e mulheres copulando por prazer e poder.

– Poder?

– Claro, cada filho homem que levar seu nome é seu soldado. Cada um deles irá virar um chefe de família, aumentando o poder do clã. Poder é o que importa; o resto é insignificante.

– Se tudo isso é verdade, por que meu tio não aumentou ainda mais seu poder?

– Ora, na nossa família quem tem o verdadeiro poder é Hus, primogênito de Nacor, que mantém todos os rebanhos de todos os irmãos e descendentes. O rebanho que você pastoreia é parte meu e parte de Hus. Ele, sim, recebeu o poder de Nacor, assim como Itzchak receberá de Avraham e seu irmão Esaú também, em tempo de-

Os Patriarcas de Yahveh | 171

vido. Você, assim como eu, tem pouco. O que tenho ganhei de meu pai e de minha avó Melca com o casamento de Rebeca, minha irmã.

Os pensamentos de Yacob voaram em sua mente atribulada: "Que interessante! Então, durante esse ano, eu pastoreei o fruto do casamento do meu pai com minha mãe. São frutos assim como eu o sou."

– Então, meu caro Yacob, posso considerá-lo como meu futuro genro?

O velho estava aflito. Sua voz tremia. Queria livrar-se de Lia e fazer um grande casamento para Rachel, que a cada dia que passava tornava-se mais bela. Yacob sentiu a sua pressão e respondeu-lhe:

– Não, sinto muito. Não posso casar-me com Lia se amo Rachel.

Labão se irritou com a negativa.

– Mas isso é uma besteira sem nome, rapaz.

– Pode ser que seja. Mas o que eu quero é Rachel. Poderia até fazer um esforço e levar Lia junto.

– Como contrapeso.

O comentário de Labão era de um homem furibundo.

– Claro que não. O casamento seria com Lia, já que é a primeira e Rachel seria a segunda esposa.

– Você tem ideia de quanto vale Rachel no mercado de casamentos? Posso conseguir dez camelos cheios de ouro, prata e tecidos, além de tapetes e coxins de seda.

– Que infelicidade pensar que tudo isso está reprimido devido à tradição de ter que casar a filha mais velha primeiro!

– É verdade! – Labão olhava o moço, que parecia tão contrito em suas afirmativas. Será que era sincero em sua asserção? – pensou Labão.

– Há, no entanto, uma solução que antevejo como sendo a mais perfeita de todas.

Labão era todo ouvidos. No Oriente, casar uma filha era livrar-se de um peso inútil. Yacob iniciou seu pensamento.

– Proponho que me faça noivo de Lia gratuitamente e que trabalhe durante sete anos por Rachel.

172 | A Saga dos Capelinos

Labão olhou e disse-lhe:

– Desde que mande vir dez camelos de ouro e prata de sua terra.

– De lá não virá nada, a não ser notícias fúnebres. Proponho melhor. Tenho quatro minas que correspondem a duzentos siclos de prata. Com esse dinheiro, comprarei oito ovelhas malhadas, para não confundir com suas brancas. O senhor me permitirá pastorear as minhas ovelhas junto com as suas; pelo fato de elas serem malhadas, não haverá motivo para confusões. As suas serão sempre brancas e as minhas serão sempre as malhadas ou riscadas.

– Sim?!

– Bem, neste caso trabalharei por três anos sem nada receber, para você, e terei direito a Lia. No final desse período lhe darei trinta talentos por Rachel e casarei com as duas no mesmo dia.

– Isso é irregular. Terá que existir sete dias de diferença entre os dois casamentos.

– Que seja. Casarei com Rachel ...

– Não, não, não. Primeiro com Lia.

– Sim, é claro, e depois, sete dias após, terei direito a Rachel.

– Está bem, desde que pague os trinta talentos.

– Sim, claro.

Labão fez umas contas na mão e, depois, falou:

– Escute bem, Yacob. Você entende que trinta talentos representam noventa mil siclos, ou seja, três mil e seiscentas ovelhas?

– Plenamente!

Assim acordados, Yacob teria que trabalhar três anos de graça por Lia e poderia comprar Rachel por três mil e seiscentos ovelhas.

Yacob ausentou-se de casa por vários dias, indo até a Armênia, onde adquiriu oito carneiros machos de grande vitalidade; com o auxílio de um amigo, trouxe-os até Haran. Misturou-os com os rebanhos brancos de Labão e esperou que a natureza fizesse seu trabalho.

Ora, cada vez que uma ovelha branca entrava no cio, o macho malhado, mais alto e forte do que o macho branco, corria para co-

Os Patriarcas de Yahveh | 173

brir a fêmea. Se o macho branco se enfurecesse, levava uma surra do malhado que não esqueceria tão facilmente. Em poucos meses, começaram a nascer centenas de animais malhados que Yacob e seu novo amigo, Zarek de Ugarit, apartavam do rebanho, formando novos rebanhos que só se misturavam entre si. Usara de um ardil que fazia jus ao seu nome Yacob, aquele que suplanta os demais. Ao invés de constituir um rebanho com machos e fêmeas, esperando que as matrizes reproduzissem à velocidade da natureza, Yacob acelerou o processo, colocando somente machos e usando as fêmeas dos outros. Um macho cobria de três a quatro fêmeas por dia, gerando uma multidão de filhotes em poucos meses.

No final do segundo ano, quando Avraham morreu, Yacob já não era tão pobre, tendo mais de cinco mil cabeças de rebanho malhado, que comercializava em Haran, Ebla e Emat. Seu tio Labão e seus filhos só notaram o fato muitos anos depois e nunca tiveram comprovação do ardil de Yacob. Quando perguntavam a Yacob porque seu rebanho multiplicara-se à velocidade tão imprevista, recebiam como resposta que era a vontade do senhor Yahveh, deus de Avraham, Itzchak e Yacob.

O mensageiro enviado por Itzchak para avisar da morte de Avraham encontrou Labão, que o despachou com a mensagem de que Yacob estava em Mitani, negociando uma grande partida de rebanho. O estafeta voltou, deixando a mensagem de que Avraham morrera. Yacob soube do fato alguns dias depois e usou luto por um ano; só não se penalizou e se descabelou porque não tinha grande amor pelo avô.

Passaram-se os três anos e Yacob não só tinha as três mil e seiscentas ovelhas para comprar Rachel, como tinha muito mais. Tornara-se um dos homens mais ricos do lugar, rivalizando com Hus. Usara de expedientes os mais diferentes para enriquecer; um dos preferidos era o de cruzar as fêmeas brancas com os machos malhados e rajados, à noite; quando do nascimento dos filhotes, levava-os para longe, misturando-os com sua espécie. Sempre existia

174 | A Saga dos Capelinos

uma ovelha disposta a dar de mamar aos terneiros. Considerando que havia mais de duas mil ovelhas no cio por mês, conseguira aumentar seu rebanho em quatro mil cabeças sem fazer muita força.

O povo desconfiava de tal artimanha, mas não havia como provar. Yacob, que caíra nas graças de Labão, marcou o dia do casamento, casando-se com Lia e, sete dias depois, levava Rachel para o leito nupcial. Lia trouxera sua serva, de nome Zelfa, uma morena muito mais bela e apetitosa do que ela. Rachel trouxera sua escrava Bala, uma cativa hurrita de cabelo castanho e de pele branca como o leite.

Yacob passou de um simples homem, que não tinha nenhuma mulher, mantendo eventuais relações com viúvas e escravas em Haran, a um verdadeiro chefe de harém. Não se fez de rogado e possuiu Lia, Zelfa, Rachel e Bala, com diferença de poucos dias entre uma e outra.

Os anos passaram e Yacob estava cada vez mais satisfeito. Enriquecera a ponto de ter uma guarda pessoal de mais de cinquenta homens. A quantidade de rebanho que tinha era maior do que a soma dos demais. Sua tenda era forrada com tapetes vindos de lugares distantes, com móveis típicos dos fenícios, com joias incrustadas e desenhos exóticos. Diversificara suas atividades em muitas frentes. Tinha, além de ovinos e caprinos, rebanho de corte e leiteiro, comércio de artigos de ouro e prata, cobre e bronze, além de tecidos e tapetes. Negociava com fenícios, hurritas, hititas, sumérios, acadianos e kemetenses. No entanto, sua atividade principal continuava a ser pastorear suas milhares de cabeças de animais que ocupavam os morros e os vales da alta Mesopotâmia.

Sua vida familiar era conturbada. O fato de dar maior preferência a Rachel trazia-lhe problemas com Lia, que, por sua vez, reclamava que ele havia possuído Zelfa, sua escrava, sem seu consentimento. Yacob, docemente, respondia que amava a sua primeira mulher mais do que as outras e se ficava mais tempo com Rachel era para ver se ela conseguia engravidar. Não que ela fosse estéril, mas o ovo não conseguia se fixar muito tempo no útero, sendo ex-

Os Patriarcas de Yahveh | 175

pelido com facilidade por um forte fluxo sanguíneo. Yacob jamais saberia que a sua enorme fixação sexual por Rachel não era devida somente pela rara beleza de sua mulher, mas, antes de mais nada, a uma atração de alma para alma, pois Rachel não era ninguém menos do que Martuky renascida.

Já por seu lado, Lia era prolífica como uma coelha. Em sete anos, tivera Reuben, Simeão, Levi, Iehudá, Yshacar, Zabulon e uma moça que ganhou o nome de Dinah, num total de sete filhos. Zelfa teve Gad e Aser, além de dois meninos, ambos natimortos. A escrava Bala teve dois filhos chamados Dã e Neftali. Bala gerou mais três moças que permaneceram na casa do pai até o casamento com príncipes da região de Canaã.

Rachel continuava a não ter filhos, até que conseguiu levar a termo a gestação de Yozheph. Quando o menino nasceu, Reuben tinha doze anos e Dinah tinha dois. Yozheph ben Yacob era o mais belo de todos os filhos que nasceram da geração de Yacob. Seu semblante era dourado e a pele alva, levemente rosada. O cabelo era castanho dourado e seu porte, majestoso, desde pequeno. Nascera para ser príncipe.

Era o ano de 1.715 a.C. Labão, cada dia que passava, ouvia muitas reclamações dos detratores de Yacob: que ele tinha feito isso e aquilo, enganando não se sabe mais quem, e assim por diante. Num dia, numa festa dada por Yacob, Labão, tendo bebido além da conta, falou rispidamente com o genro, acusando-o de verdades e mentiras.

Realmente, Yacob era sagaz e astuto nos negócios, levando vantagem sempre que negociava. No entanto, não era um ladrão na acepção da palavra. No início de sua carreira como dono de rebanhos, usara de expedientes baixos, como cruzar machos com fêmeas e não dar o direito de barriga ao dono da ovelha. Não deixava de ser um roubo. É verdade que a ovelha continuava viva, só que o dono não iria usufruir de uma barrigada.

176 | A Saga dos Capelinos

Yacob sentiu que as palavras odiosas do sogro não eram resultado de uma bebedeira ocasional. Percebeu que ele era o porta-voz da população local e que sua vida corria perigo. Estava com quarenta e cinco anos, com uma fortuna enorme. O perigo de morrer nas mãos de seus desafetos constituía-se em sinal irrefragável de que era chegado o momento de voltar para casa. Preparou sua partida para dentro de uma semana e despediu-se dos principais amigos, inclusive de Labão.

A despedida do sogro foi uma das piores situações que Yacob pôde vivenciar. Foi acusado de tudo, desde roubo até as mais grossas patifarias. Yacob escutou tudo impávido e altaneiro. Ao final, antes de partir, disse-lhe com a voz firme e a coragem de quem tem agora cem guerreiros atrás de si.

– Se sou tudo isso que você me imputa, deveria estar feliz por eu partir.

Assim falando, partiu.

Havia também outra razão para Yacob querer partir: a região estava em polvorosa com a presença de grupos de hititas, hurritas e citas, que passavam em largos contingentes. Yacob negociava com todos e resolvera acompanhá-los em direção a Canaã, porquanto, desta forma, teria segurança em viajar com tantos homens. Eles se deslocariam lentamente, pois as crianças e o enorme rebanho exigiam cuidados maiores do que uma tropa de guerra. Esses homens estavam se deslocando para Canaã, e de lá ninguém sabia para onde iriam.

A enorme caravana, com mais de duas mil pessoas, cerca de cem guerreiros e quatrocentos pastores, atravessou lentamente as terras do Oriente em direção a Canaã.

Yozheph tinha pouco mais de dois anos de idade e Yacob passara mais de vinte anos em degredo. Sua preocupação era saber como o irmão o receberia. Não havia disputa entre eles, como muitos diziam, pelo fato de ter partido apressado e sem nada. Quase ninguém soubera que fora desterrado para Haran por ordem do patriarca Avraham e as histórias de lutas e disputas entre os irmãos eram grandes. Seu pai Itzchak morrera há mais de cinco anos. Eliezer, o damasquino, também morrera há quase dez anos, em idade avançada. O chefe da clã agora era Esaú. Devia-lhe respeito e obediência. Se o irmão mais velho quisesse, poderia tomar-lhe parte do rebanho, dos servos e escravos baseado no direito à primogenitura, algo totalmente insuportável à mente de Yacob. Ele passou meses imaginando as piores vilanias com o objetivo de se esquivar de qualquer pagamento ao irmão e ainda lucrar com isso.

Três meses depois, a caravana aproximou-se de Gerara e instalou-se em Betel, no mesmo lugar onde Yacob tivera sua visão extraordinária. Nessa noite, sonhou novamente com Yahveh. Não o discernia bem. Via um ser gigantesco acompanhado de uma multidão de seres alados, brilhantes, parecendo suspensos no ar. Não passava de uma imagem mental enviada por Sansavi para comovê-lo e fazê-lo lembrar daquele instante para sempre.

— Sou teu Senhor Yahveh, deus de Avraham e Itzchak. Não estou totalmente satisfeito com teu comportamento e venho te dizer acres palavras.

Yacob, desdobrado do corpo físico, prostrou-se perante a aparição, que continuou a lhe falar:

— Tu cumpriste parte daquilo com que te comprometeste comigo, nesse mesmo lugar, há vinte anos. Trabalhaste duro e foste proficiente; no entanto, usaste de ardis e enganaste teus amigos, assim como fizeste de tudo para enriquecer. Para atingir teus objetivos, nem sempre claros e corretos, foste tenebroso e pérfido. O que me dizes disto, Yacob?

— Não matei nem roubei. Usei de ardil porque todos que conheço enriqueceram por meio de astúcias e artimanhas. Meu avô Avraham alugou sua mulher Sara ao faraó. Meu tio Labão herdou do pai e da avó a riqueza com a venda de Rebeca. Todos enriqueceram por meio de estratagemas. Por que não eu também?

178 | A Saga dos Capelinos

– A justificativa de que os outros cometem vilanias não nos faculta essa liberalidade. A execração dos atos humanos não é uma obrigatoriedade. É possível viver-se em paz e com respeito fraterno aos homens sem ter que enganá-los e amesquinhar a relação humana. Para que Yahveh possa calcar uma nação sobre os ombros de um homem é preciso que este eleito seja impoluto.

– Oh, grande deus Yahveh, deus de Avraham, Itzchak e Yacob, seja condescendente e fira-me de morte se cometi uma vilania, mas, em meu julgamento, tenho sido reto com todos. Se tenho levado vantagem em meus negócios é devido à fé que tenho no meu Senhor Yahveh.

– Não mistures teus negócios mesquinhos e escusos com a minha pessoa. Sê reto de caráter e assume teus erros.

– Assumo tudo o que tenho feito, seja de bom, seja de ruim. Veja, no entanto, no meu coração, na minha mente, se não mudei, se não me aprimorei a ponto de obter as graças do meu poderoso Senhor?

– Em parte sim, Yacob. Mas vejo que no teu coração já maquinas estratagemas para burlar teu irmão. Por que não usares de verdade para com ele?

– Tenho medo de que ele me mate e tome tudo o que é meu.

– Existe alguma razão para isso? Por acaso, tu o enganaste em alguma transação no passado? Tem ele ódio por ti?

– Não. Meu irmão é um homem simples.

– E por causa disso tramas o seu envenenamento. És pior do que a serpente que inocula seu veneno para defender-se. Não satisfeito em seres ardiloso, anelas agora ser fratricida?

Yacob começou a chorar. Seu espírito escutava as duras palavras do deus. Sansavi, representando Yahveh, segurou-lhe os ombros convulsionados pelo pranto e disse-lhe acerbamente:

– Estive ao teu lado mesmo quando usaste de ardileza para com Labão, mesmo quando fizeste o mesmo contra os rebanhos de Hus e compraste tapetes e tecidos de negociantes tão manhosos como ti. Mas em hipótese alguma permitirei que cometas a suprema vilania de matar teu irmão, indefeso, sob tua tenda, sob o signo de tua hospitalidade.

Yacob chorava e, ajoelhado, lhe disse:

— Arrependo-me só de ter pensado na morte do meu irmão. Peço-lhe que me abençoes sem o que sentir-me-ei o último dos homens. Tem sido minha fé no Senhor o que me fez crescer e ficar forte.

— Não! Foi a fé em ti próprio que te fez crescer e tornar-te rico. Se tivesses real fé em mim, jamais cometerias uma vilania ou pensarias numa, não só por medo de minha ira como também por amor à minha augusta figura. Infelizmente, os homens cometem as mais hediondas vilanias em nome do Senhor.

— Peço-lhe que me perdoe e que me abençoe nesse momento. Prometo não levantar nunca a mão contra meu irmão.

— Todo e qualquer ser humano é teu irmão.

— Que seja então; abençoe-me e considerarei todos os seres humanos meus irmãos.

— Não creio em tua honestidade de propósitos.

— Creia-me, poderoso Yahveh, e abençoe-me. Juro pelos céus que jamais levantarei a mão contra um ser humano enquanto viver.

Um silêncio opressivo se fez entre os dois. Sansavi havia sido alertado por seus obreiros espirituais de que Yacob maquinava a morte do irmão, o que seria imperdoável. Ele deveria ser duro e severo para com o recalcitrante Yacob, ferindo-o com uma doença que o lembraria para todo sempre de sua vilania, pois só imaginar a morte de alguém já é um crime. Neste instante, Sansavi falou:

— Abençoar-te-ei com uma doença que te deixará sequelas peloo restante de tua vida. Lembrar-te-ás desse momento e deste juramento enquanto viveres.

Yahveh tocou-lhe na fronte, reintroduzindo-o no corpo físico. Causando um ligeiro tremor, um dos espíritos da comitiva espiritual apalpou seu cérebro, na parte posterior, onde fica localizado o cerebelo. Sua mão luminosa penetrou a parte dura do crânio e lançou

180 | A Saga dos Capelinos

um minúsculo jato de luz que atingiu um lugar específico do cerebelo. Em seguida, Yacob sofreu forte convulsão e acordou incontinenti.

Sentiu uma dor forte na articulação da coxa e tentou mexer-se, levantando-se, e descobriu que estava coxo. Sua perna esquerda não dobrava mais. Um microderrame no cerebelo o deixara aleijado. Lembrou-se da disputa que tivera com o deus e, sob a forte comoção do momento, se intitulou aquele que luta com Deus – Israel. Daquele instante em diante, tendo sido feito coxo pelo poder do seu deus, Yacob passaria a se chamar Israel, sendo assim conhecido pelas futuras gerações.

Naquela manhã dourada, levemente fria, Israel enviou seu tartan, Zarek de Ugarit, para conversar com seu irmão Esaú, em Gerara. O amigo, acompanhado de cinco fortes soldados hurritas, mercenários que viviam para proteger o rebanho de incursões de povos selvagens, dos leões e chacais do caminho, alcançou o acampamento principal de Esaú em dois dias.

O irmão não estava, tendo ido caçar além da torrente do Kemet. Demorou dois dias para voltar. Quando chegou, foi conversar com Zarek, que trazia presentes em ouro, prata, joias e muitas outras coisas. A conversa não podia ter sido mais amistosa. Esaú ficou tão feliz com a volta do irmão que, no outro dia, junto com seus filhos, pastores e amigos da região, foi recebé-lo em grande comitê.

Israel estava preocupado. Imaginava sempre o pior. Cada um julga o próximo tomando a si próprio como parâmetro. Deste modo, no terceiro dia, tomado de pavor, dividiu sua imensa tropa em duas e fez uma delas afastar-se de volta até Siquém. Aliás, o grosso desta tropa foi para lá sob o comando de Reuben, o filho mais velho.

Colocou no caminho para Gerara dois olheiros que teriam como função informá-lo de qualquer movimento estranho na estrada. No quarto dia de vigia, sexto desde que Zarek partira, os sentinelas avistaram uma grande coluna de homens aproximando-se e correram para avisar Israel. Contaram que Esaú se aproximava com quatrocentos homens, o que deixou Israel apavorado. Imaginou

Os Patriarcas de Yahveh | 181

defender-se, mas a dor na perna o alertou para o juramento que fizera a Yahveh e pensou:

– Yahveh não irá permitir que Esaú, meu irmão, me mate.

A tropa chegou pouco depois do almoço e Zarek vinha ao lado de um homem ruivo, rotundo e rubicundo, que arfava com o esforço de andar. Zarek adiantou-se e falou alto:

– Mestre Yacob, este é seu amado irmão Esaú.

Os dois irmãos precipitaram-se nos braços um do outro e abraçaram-se vigorosamente. Havia quase vinte e um anos que não se viam.

Israel convidou o irmão a entrar na sua larga tenda, que esbanjava luxo e sofisticação. Sobre coxins e tapetes de procedências diversas, os dois irmãos conversaram longamente.

Iniciaram falando de suas conquistas mútuas, já que ambos tinham enriquecido ainda mais. Falaram de filhos e mulheres, assim como de concubinas e aventuras, a maioria exageradas ou inventadas sob o efeito do doce vinho fenício, que corria às largas, junto com pães, tâmaras, uvas, mel e outros acepipes.

Esaú falou de sua longa descendência, apresentando os seus filhos Elifaz, Rauel, Jeus, Yelon, Koré, além de uma meia dúzia de filhas, que não foram contadas e apresentadas, pois mulher era peso morto para o pai, a não ser quando fosse bela e pudesse dar bom dote. A maioria dos habitantes do local era pobre e só podia dar um camelo ou duas ovelhas por uma fêmea, e o pai preferia vê-la infeliz nos braços de um bugre do que ficar pendurada na sua casa.

Israel falou de seus filhos e apresentou todos, menos Reuben, que estava em Siquém.

Esaú passou dois dias conversando com Israel. O irmão, mais moço por alguns minutos, vendo que Esaú nada queria de seu, acabou por contar-lhe que parte do seu rebanho estava em Siquém, com o filho mais velho. Esaú riu-se do infundado medo do irmão, dizendo-lhe que seria a penúltima coisa que faria. Israel perguntou qual seria a última e Esaú respondeu-lhe, sério, que caso ele cometesse o desatino de matar o próprio irmão, a última coisa que faria seria matar-se, pois

182 | A Saga dos Capelinos

não poderia viver um minuto com tamanha ignomínia em seu coração. Eles se abraçaram novamente em sinal de eterna fraternidade.

– Fico feliz em vê-lo de volta, mas há um grave problema. O rebanho que você tem aqui não cabe na região em que estamos. Isso sem contar o que ficou em Siquém. Os animais deixados por Itzchak, nosso pai, multiplicaram-se em dobro. Naquela época, já não dava para apascentá-los em Gerara, e agora ficou ainda pior. Eu próprio serei obrigado a expandir minha área de pastoreio até Seir, muito em breve.

– Onde você crê que seria melhor deixar o meu rebanho?

Esaú, também conhecido como Edom – o ruivo –, olhou-o longamente, ajeitou os ombros largos e peludos, respirou fundo e falou:

– A situação está muito complicada. Explicarei com detalhes. Não desejo ficar mais em Gerara. O filho do falecido Abimelec tem sido um estorvo e as pradarias estão sempre secas. Não sei se é um bom lugar para você também. No entanto, você não pode ir para lá às pressas. O ideal é ficar em Siquém por dois ou três meses até que eu complete minha mudança para Seir. Depois disso, você poderá ficar em Gerara, se desejar.

– Mas, se não é bom para você, por que deverá ser bom para mim?

– A terra está seca há muito tempo. Lembra-se de que já houve secas, e até Avraham, nosso avô, teve que partir para o Kemet. Deste modo, seca existirá tanto em Gerara como em Siquém. Em Gerara, talvez você consiga fazer uma melhor aliança com o filho de Abimelec do que eu. Pessoalmente, não o suporto e nem ele a mim. Com você, a história pode ser diferente. Você é mais político e consegue levar as coisas com mais calma do que eu.

– Então, sua sugestão é que eu fique dois a três meses em Siquém e redondezas e depois me mude para Gerara?

– Creio que é o melhor. Estaremos perto um do outro e poderemos fazer aliança contra inimigos comuns.

– Que assim seja.

Os Patriarcas de Yahveh | 183

Os dois irmãos continuaram juntos e festejaram por mais um dia, quando, então, seguiram seus caminhos. Israel recuou sua tropa, unindo-se com o restante do rebanho que ficara em Siquém.

As coisas não seguiram conforme planejado. A terra de Seir estava ocupada por violentas tribos nômades. Esaú sentiu dificuldades em tomar a terra e lá instalar seu rebanho, o que levaria mais de seis anos. Nesse período, Israel acampou em Siquém, indo no inverno para Betel, onde fazia sua oferendas a Yahveh, na estela que mandara erigir desde que ficara coxo. Aliás, ter ficado aleijado foi uma das melhores coisas que lhe acontecera. Com medo de ser cada vez mais atingido pela ira de Yahveh, Israel parara de pensar em estratagemas para enriquecer, ludibriando o próximo. Dedicou-se ao comércio com ímpeto renovado e, diligentemente, passou a ganhar ainda mais dinheiro sem enganar ninguém. No entanto, as coisas iriam complicar-se para sua grei, graças a um caso de amor.

Dinah, a bela filha de Lia com Yacob, costumava passear com suas amigas pela região. Assim que chegou, Israel comprou de Hemor, rei de Siquém, uma grande propriedade, onde instalou seu acampamento principal. Hemor tinha um filho pouco mais velho do que Dinah que se encantou pela moça, no que foi correspondido. Começaram a se encontrar em segredo, devidamente apoiados pelas amigas inconsequentes. Dinah tinha quatorze anos e o príncipe de Siquém, cujo nome era Harak, não alcançara os dezessete anos.

Resolveram que iriam se casar, mas Dinah sabia que jamais poderia ser desposada por um heveu de tez muito escura, quase marrom como um hamita, e que sua família iria opor resistência completa. Explicando isso ao doce Harak, que não pensava em outra coisa senão casar-se com a mocinha, concluíram que deviam fugir e, num rapto consensual, ele a desposaria. E assim foi feito.

O escândalo tomou proporções inesperadas. Reuben, o irmão mais velho, uma raposa de astúcia e de coração empedernido, incitou os irmãos a uma traição medonha. Para todos os efeitos, a

184 | A Saga dos Capelinos

família aceitaria o fato como consumado e não demonstraria ter guardado rancor. No entanto, como reparação, além do dote normal exigido, a cidade de Siquém deveria pagar e participar de uma grande festa em homenagem ao casamento. Assim procederam.

Durante uma semana, foram feitos os preparativos para a grande festa de casamento entre Dinah e Harak, príncipe de Siquém. Israel estava satisfeito, pois representava uma aliança importante que lhe daria uma base de ação no território de Canaã, pois já estava quase desistindo de se mudar para Gerara devido à demora de Esaú em partir para Seir.

Aparentemente tudo estava a contento. Israel estava satisfeito com o generoso dote, os noivos, radiantes e a pequena aldeia feliz com o desenlace da escabrosa história. A noite do casamento foi festiva, com músicas, danças e muita bebida, especialmente fornecida pela família de Israel. O patriarca ainda mantinha luto pela morte de sua adorada Rachel durante o último parto, quando ela lhe dera o filho mais moço, Benjamim. Por isso, ainda pesaroso, recolheu-se cedo, logo após a celebração do casamento.

Altas horas da noite, muitos dos convidados da aldeia, completamente bêbedos, recolheram-se às suas casas enquanto que outros ainda festejaram por mais algum tempo. Na fria madrugada de dezembro, Reuben e seus irmãos mais velhos, acompanhados de duzentos pastores, entraram nas casas dos infelizes aldeões e os mataram enquanto dormiam. Foi uma carnificina brutal, com mais de dois mil e quinhentos mortos. O noivo e o pai do noivo foram chacinados com requintes de crueldade. Harak foi castrado sob intensa dor, esvaindo-se em sangue. Finalmente, um dos esbirros de Reuben enfiou-lhe uma lança nas costas, terminando com seu suplício. O pai, Hemor, foi morto após ter sua língua extirpada e seus olhos vazados.

Os espíritos-guias nada puderam fazer. Reuben e seus irmãos, sustentados por uma malta de espíritos obsessores, todos terrestres, nenhum capelino, estavam desvairados e fora de qualquer

Os Patriarcas de Yahveh | 185

controle. Mataram e cometeram atrocidades com um prazer fora do normal. Os espíritos-guias tentaram influenciar mentalmente os irmãos, mas eles estavam vibrando com tamanho ódio que suas admoestações caíram em coração seco. Eles informaram a Sansavi e este a Orofiel sobre a desgraça que ocorrera e, imediatamente, eles começaram a tomar medidas para punir os culpados e salvar a tribo de Israel da fúria vingativa dos parentes das pessoas trucidadas em Siquém.

De manhã, Reuben informou a Israel, seu pai, do acontecido, sem poupar nenhum detalhe escabroso. Reuben, um espírito capelino, de evolução ainda lerda, vingativo e repugnante, achava que havia feito algo de maravilhoso.

— Trataram nossa irmã como se fosse uma prostituta e, deste modo, mereceram o que tiveram.

Israel estava enregelado de pavor. Mal conseguia falar. Balbuciou com extrema dificuldade.

— E Dinah?

— A imbecil tentou salvar seu noivinho e acabou se machucando na contenda. Vá entender as mulheres!

— Está viva?

Reuben, com ar de contrariedade, respondeu-lhe:

— O ferimento era muito extenso e tivemos que sacrificá-la.

Israel estava tomado de tamanho medo que quase não se mexia. Yahveh haveria de saber que ele era inocente. Não fizera nada contra o doce príncipe e sua própria filha. Era óbvio a qualquer um que a menina estava radiante com o casamento. Não era bem o que ele, Israel, desejara. Teria preferido vê-la casada com alguém de sua própria família, porém a consorciara com um homem rico e bem situado.

— Você matou sua irmã como se ela fosse uma ovelha ferida?

— Ora, meu pai, na hora em que ela foi aviltada pelo heveu passou a não ser mais nossa irmã.

186 | A Saga dos Capelinos

Israel foi dominado por uma forte ira, despertando do estupor de que fora possuído.

– Você é de uma imbecilidade extraordinária! Com essa vingança idiota e despropositada, você nos colocou como proscritos em toda Canaã. Não haverá um único lugar que irá nos receber, depois que souberem que atacamos cruelmente, de surpresa, covardemente, toda uma aldeia. Os parentes dos heveus virão atrás de nós, fazendo alianças com outros povos e tentarão se vingar da morte de seus parentes. Você pensou nisso, seu idiota sanguinário?

Reuben nunca vira o pai tomado de tamanha raiva. Ele estava só com seus irmãos e seus esbirros, que eram minoria, pois nem todos os pastores e soldados de Israel haviam tomado parte do massacre de Siquém. Quando começaram a ver Israel tomado de fúria inaudita, prepararam-se para o pior. No entanto, Israel sabia que teria que matar todos os filhos de Lia, o que lhe seria impossível.

Reuben estava aterrorizado com a reação do pai. Covarde e traiçoeiro, o primogênito de Israel estava acometido de um medo que o levou a ajoelhar-se para implorar clemência. Israel parou de falar, pensou por alguns segundos e concluiu, já mais senhor de si:

– Devido ao seu ato desprovido de sentido e de motivo, você e todos os filhos que participaram dessa vilania jamais poderão ser líderes do meu clã.

Reuben empalideceu. Perdera o direito à primogenitura e, como consequência, à imensa fortuna do pai, além do poder bélico que Israel tinha para se proteger.

– O senhor não pode fazer isso. Todos os seus filhos adultos participaram. Como consequência, seu herdeiro passará a ser Yozheph, filho de Rachel.

– Que assim seja!

– Mas não passa de um menino de dez anos.

– E daí? Ele me sucederá quando eu morrer. Com dez anos, Yozheph demonstra ser mais inteligente e responsável do que você e seus irmãos.

Os Patriarcas de Yahveh | 187

– Ele não passa de um alcaguete que está sempre a lhe trazer notícias de nossas falhas.

Israel olhou-o nos olhos. Reuben nunca vira o pai com tamanho ódio estampado na face. Calou-se, pois sentiu que falar do filho adorado de Israel era atrair ainda mais a ira paterna.

– Cale-se e escute bem o que tenho a lhe dizer. Você não passa de um energúmeno que não sabe usar os dons que nosso deus lhe deu. Eu tenho direito de vida e morte sobre todos vocês, e nunca mandei açoitar nenhum dos meus pastores, dos meus guardas e dos meus filhos. Quando a vida me fazia ser inimigo de alguém, eu lhe dava as costas, preferindo ceder do que lutar. Assim fiz com os filhos de Hus e assim fiz com Labão, meu sogro. Minha mão nunca se levantou para ferir ou matar, e estou impedido, por votos celestiais, de matar ou mandar matar quem quer que seja. No entanto, se eu fosse agir corretamente, deveria chamar os parentes de todos os que vocês chacinaram inutilmente e entregá-los para sua sanha vingadora.

Os guardas pessoais, leais a Israel, já cercavam os recalcitrantes, prontos para entrarem em ação sob as ordens de Israel.

– Só que fiz um juramento ao meu Senhor Yahveh de que não levantaria a mão contra nenhum ser humano e não o farei em momento algum contra vocês. Ficarão confinados em sua tendas até que eu decida o que fazer. Graças a este ato de suprema ignomínia, nós nos tornamos insuportáveis nesta terra. Teremos que fugir a não ser que fiquemos e lutemos contra toda Canaã. Fomos expulsos pelos nossos próprios atos, por nossas infâmias. Perdemos a terra prometida por Yahveh graças a um ato de suprema covardia. O sangue destes inocentes há de cair sobre nossas cabeças. Ele irá nos transformar numa raça de degredados, obrigados a ir de um lugar para outro, sem eira, nem beira. Fomos desgraçados pelo ato abominável que vocês cometeram. Malditos sejamos!

188 | A Saga dos Capelinos

Israel tomou das cinzas que estavam frias da fogueira da noite e jogou sobre sua cabeça. Rasgou suas vestes e retirou-se, cabisbaixo, com os olhos cheios de lágrimas.

Zarek comandou os guardas e Reuben e os irmãos que haviam participado, todos menos Yozheph, por ter dez anos, e Benjamim, por ter pouco mais de um ano, foram levados a quatro tendas para serem confinados, com guarda permanente à porta.

Israel, quando se viu a sós, começou a pensar sobre a situação. Depois de certo tempo, convocou quatro homens e conversou longamente com eles. Mandou-os às aldeias vizinhas para espionarem e descobrirem o que os aliados de Siquém já sabiam e o que tramavam. Deveriam retornar e reportar-se o mais depressa possível.

Israel continuou pensando enquanto lhe era servida a refeição do meio-dia. Era um homem bem-informado para a época e sabia o que estava acontecendo. Sempre que caravaneiros passavam, ele lhes dava acolhida e, nos opíparos repastos que lhes servia, passava a conhecer um pouco de tudo o que acontecia naquele conturbado mundo.

• • •

Orofiel encontrou-se com Sansavi e sua vasta equipe e mantiveram uma importante conversa.

– Sansavi, você e sua falange de obreiros fizeram um trabalho notável nestes quase dois séculos. No entanto, agora, após os terríveis acontecimentos de Siquém, os nossos superiores desejam que eles sejam levados para o Kemet, junto com os grupos de citas, semitas, hititas e hurritas, que estão partindo para aquela terra. Lá, os descendentes de Sarug irão abrigar grandes contingentes de capelinos degredados, muitos deles ainda em estado de profunda enfermidade mental, alimentando ódios seculares de cuja razão já nem se lembram. Essas turbas terão que passar por duras provas em terras estranhas que os tratarão com desprezo. Assim como no

Os Patriarcas de Yahveh | 189

passado, quando renasceram como sumérios, harapenses e outros povos e trataram com rudeza seus irmãos menores, os terrestres, agora serão tratados da mesma forma por eles. É a lei.

Sansavi entendia perfeitamente e baixou a cerviz em assentimento. Mas Orofiel, cada dia mais majestoso e belo, prosseguiu:

– Agora é também chegado o tempo em que eles terão que viver apenas pela fé em Yahveh. Não deveremos mais nos manifestar com tanta intensidade. Apenas os guias espirituais normais devem fazer seu trabalho de conscientização a conta-gotas, gradativo e lento, mas profundo. O povo deve cultuar Yahveh como sendo o conceito do grande inefável, do Pai amantíssimo, do próprio Deus.

Sansavi olhou-o surpreso e, quando pensou em falar algo, Orofiel, lendo-lhe o pensamento, disse:

– Não pergunte nada. Você continuará sua ascensão aos planos mais evoluídos, recebendo novas missões. Os superiores querem que você seja levado para outras paragens, onde a espiritualidade se encontra em estado adiantado. Neste plano existencial, o mundo mental, existem espíritos que alcançaram as luzes da fraternidade plena. A justiça, a moral e, sobretudo, o amor divino norteiam todos os atos destes espíritos. A tecnologia espiritual é tão evoluída que explicá-la seria quase impossível. Eles fazem viagens entre as estrelas, governam o seu sistema solar e visitam outras civilizações tão evoluídas quanto a deles, e se relacionam com grande amizade e fraternidade, sob a égide do mesmo único Deus, criador, doador e mantenedor da vida.

Sansavi estava com os olhos em lágrimas, não de tristeza, mas de extrema felicidade. Ele havia ganho o prêmio pelos excelsos trabalhos realizados. Orofiel o abraçou como a um irmão, despediram-se de todos e ambos volitaram a grande velocidade em direção ao mundo mental, desaparecendo das vistas dos demais pertencentes à falange de Yahveh, que haviam escutado a conversa e estavam em estado de puro deleite, com os olhos marejados de lágrimas.

190 | A Saga dos Capelinos

• • •

Quatro dias haviam se passado desde o massacre de Siquém e dois dos quatro espiões retornaram com más notícias; o morticínio havia sido muito mal recebido e as aldeias vizinhas estavam formando um pequeno exército para atacar Israel. O terceiro espião voltou com notícias semelhantes e o quarto nunca voltou, tendo sido provavelmente detectado e morto.

Israel sentiu que era hora de partir daquele lugar. Pensou primeiro em ir até Gerara, mas soubera que o filho de Abimelec tinha sido morto por um dos seus próprios soldados, e agora o novo general, filho do falecido Ficol, queria partir para o Kemet. A seca castigava demais aquela região, e até Esaú estava partindo para Seir às pressas, invadindo a região com grande força armada.

A solução era ir para o Kemet. Iria unir-se ao filho de Ficol, que havia, por sua vez, feito aliança com uma tribo de hititas que tinha uns carros de combates extraordinários. Enviou um emissário, que voltou no mesmo dia com a informação de que o filho de Ficol o receberia com prazer. Afinal das contas, eram mais três mil pessoas para fortalecer o grupo.

Israel deu ordem de unir todas as pessoas de sua larga tropa, seu rebanho e seus filhos. Após passar-lhes outra descompostura, os fez jurar fidelidade a ele e a Yozheph, o que fizeram relutantemente, especialmente em relação ao irmão mais novo.

A grande tribo de Israel deslocou-se e dirigiu-se, junto com hurritas e cananeus, de Gerara para o Kemet. Israel foi transportado numa carroça especial, que o patriarca trouxera de Haran, construída seguindo os moldes dos antigos sumérios. Dava-lhe conforto e comodidade até poderem alcançar a terra de Misraim, o Kemet, como era chamado por Israel e os seus.

Capítulo 6

Na Ásia Menor, no planalto da Anatólia, uma série de feudos de um povo indo-europeu que se denominava hitita estava passando por grandes reformas. Durante algumas décadas estavam acontecendo conflitos entre as várias tribos e clãs, de tal forma que algumas dessas tribos menores haviam abandonado o grande planalto indo em várias direções. Um desses grupos tinha estado em Haran e Ebla, e mesclaram-se com os hurritas, pois tinham línguas muito parecidas.

Mais ao nordeste, tribos de mitânios também estavam passando por problemas com estrangeiros. Uma tribo de origem uralo-altaica, que tinha vindo além do mar Cáspio, havia sido expulsa de suas planícies, perto dos Urais, pelos turanianos. Eles tinham cavalos pequenos tipicamente mongóis e usavam um arco fabuloso que conseguia arremessar uma flecha a mais de cinquenta metros. Eles haviam invadido o norte da Mesopotâmia e guerrearam com os mitânios que conseguiram expulsá-los mais para o sudoeste. Essa tribo da grande nação de citas aliou-se com os hititas e hurritas. Israel os conhecia, pois negociara com eles quando ainda morava em Haran.

192 | A Saga dos Capelinos

Essas tribos coligaram-se e, como não encontraram pasto para seu rebanho, desceram em direção a Canaã. Eram mais de cem mil pessoas em três grandes grupos: hititas, hurritas e citas. Encontraram tribos semitas em Canaã e a elas se associaram. Em outros lugares, enfrentaram resistência local e a derrotaram com rara facilidade.

A terra de Canaã estava seca demais, exigindo que fossem mais para o oeste. Os caravaneiros falavam do Kemet, especialmente do delta, rico em terras férteis, e isso atraiu a cobiça dessa confederação de tribos, que passou a incluir cananeus.

Havia muitos anos que esses grupos, aos poucos, de forma quase imperceptível, estavam entrando no Kemet. Os primeiros a entrar foram os próprios cananeus, que já conheciam a região, levando os rebanhos para regiões do delta onde havia grandes extensões de terras para pastagens. Avraham fora ele mesmo um desses que visitaram o Kemet atrás de bons pastos e riquezas.

Os hititas, hurritas e citas, em menor número, haviam se deslocado para o delta há mais de vinte anos, instalando-se num local onde apascentavam seus extensos rebanhos. Chamavam esse lugar de Auwariyash, ou seja, posto avançado. Não passava de simples aldeota incrustada no delta, a alguns quilômetros do Mediterrâneo.

Alguns anos antes de Israel mudar-se para o Kemet, enquanto ainda estava em Haran, os estrangeiros tinham se instalado pacificamente no delta. Auwariyash seria chamada pelos gregos de Ávaris e pelos kemetenses de Djanet. Era a cidade do chefe dos povos estrangeiros – Héqa-Ksasut.

A cada dia chegavam mais estrangeiros. Mais de quinhentos mil forasteiros haviam penetrado na região do Baixo Kemet e nela se instalaram. O faraó sentiu que a parte oriental do delta estava praticamente tomada e resolveu que iria colocar aqueles intrusos sob sua lei e impostos.

Os chefes estrangeiros foram contactados por um oficial do faraó Khutauiré Ugaf, que lhe dissera que o rei desejava que todos os chefes estrangeiros fossem até Ouaset, sob sua escolta, que depusessem as

Os Patriarcas de Yahveh | 193

armas e jurassem fidelidade ao monarca. A maioria ficou muito desconfiada de ter que ir até um lugar longínquo e entregar suas armas.

Salatis, naquela época, não era o comandante em chefe e discutiu junto com mais vinte e dois chefes o que deveria ser feito. Recusaram o jugo kemetense e elegeram Salatis o grande chefe das tropas estrangeiras.

O oficial retornou a Ouaset e contou o que vira. Sanguissedento, o general convenceu seu faraó que tal incursão seria uma fácil manobra para ativar suas tropas e que nada o impediria de ter uma retumbante vitória para seu soberano. Khutauiré Ugaf rejubilou-se. Uma vitória para ser clamada e declamada em prosas e versos. Liberou suas tropas, que levaram dois meses se organizando e desceram em direção a Auwariyash.

Enquanto isso, os estrangeiros haviam se preparado e estavam plenamente senhores de quase todo o Baixo Kemet, sem lutas e morticínios. Com essa manobra, impediram que o Norte pudesse fornecer víveres e, especialmente homens para o exército do Sul.

Os kemetenses tinham uma força militar de uma fraqueza extraordinária e estavam, além de mal aparelhados, mal informados. Acreditavam que os estrangeiros não passavam de uns dez mil seres quando já passavam de meio milhão. Pensavam que com a união de várias tribos, cada uma falando sua própria língua, não haveria união no comando nem unidade no combate.

Os estrangeiros – hicsos – não constituíam uma raça, uma tribo ou um povo. Vieram desde a Ásia Menor, das estepes russas, nórdicas, das tundras siberianas e do planalto do Irã. Embora de procedências distintas, os grupos tinham em comum o fato de terem sido escorraçados por tribos mais fortes, a maioria de seu próprio povo. Desse modo, ao encontrarem o pacífico Kemet, ali resolveram instalar-se e viver com tranquilidade. Salatis soube unir todos os estrangeiros em torno do seu comando e fortalecer o exército hicso com contingentes cananeus.

O arco kemetense era muito frágil e não havia sido alterado desde o tempo de Nârmer, o primeiro faraó, enquanto que o hicso era o arco

194 | A Saga dos Capelinos

cita, forte, flexível e de temível eficiência. O kemetense só acertava alvos a menos de trinta metros, enquanto que o arco cita trespassava um homem a cinquenta metros. As flechas kemetenses tinham ponta de madeira, um afinamento da própria haste. As flechas dos hicsos tinham ponta de metal. Os kemetenses tinham, no máximo, um escudo feito de couro de boi, enquanto os hicsos tinham armaduras de cobre costuradas numa capa de couro e capacetes. A metalurgia dos indo-europeus permitia a fabricação de punhais e espadas, moldadas numa única peça, o que lhe dava solidez e mais maleabilidade. A espada hicsa cortava dos dois lados e os sabres dos hititas eram tenebrosos, cortando muito mais do que as armas feitas de pedra e madeira do antigo Kemet.

Os hicsos, também chamados de amus pelos habitantes do Kemet, contavam com dois trunfos desconhecidos pelos kemetenses: a cavalaria e carros de combate. Os carros de combate eram basicamente hititas, enquanto a cavalaria, que conseguia atirar suas flechas mesmo de costas no cavalo e galopava a grande velocidade e com rara destreza, era de origem cita.

A batalha foi uma dura derrocada para o Kemet, pois as suas forças, cerca de cinco mil homens, foram rápida e eficientemente envolvidas por vinte e poucos mil hicsos, que os trucidaram, soldados e oficiais, deixando-os mortos no campo de batalha. O combate não durou mais de uma hora e o número de mortos hicsos não passou de cem guerreiros.

Salatis fortaleceu Auwariyash e a banda oriental como se esperasse um ataque dos seus irmãos hititas a qualquer momento. Cuidou de dominar, com muita gentileza, o delta e colocou seus chefes em Perouadjet, Zau, Djedu, Perbastet, On, Banebdjedet e muitas outras pequenas aldeias, sem se preocupar com o restante do Kemet. Afinal das contas, se ele já tinha a parte mais rica, para que se preocupar com as migalhas do Sul?

Como Israel e sua turma não possuíam um nome de tribo como os demais grupos, os kemetenses passaram a chamá-los de habirus: aqueles que atravessaram o rio que os separava do resto do mundo – rio que cruzava o Sinai e desembocava no Mediterrâneo, denominado torrente do Kemet.

Israel escolhera ficar num lugar chamado terra de Gessém, perto do acampamento dos fenícios, hurritas e arameus. Aos poucos, os próprios integrantes dos habirus – os pastores de Israel – foram se intitulando de habreus, e depois de hebreus, uma corruptela de habiru.

Quando estava no Kemet, cerca de cinco anos antes, Israel foi visitar a cidade de On, onde negociava o seu rebanho para as oferendas da ave benu e do grande Rá. Fizera aquela viagem acompanhado de seu tartan, Zarek de Ugarit, e de seu filho Yozheph, à época com quinze anos, não só para conhecer o importante templo, mas também porque tivera a visão de que seu deus o enviava para lá com seu filho.

Entraram no templo da ave benu e foram recebidos por um escriba que contabilizava tudo o que entrava e saía. Conversaram longamente enquanto eram secretamente observados por um dos sacerdotes escondido atrás de uma monumental pilastra. Após breves instantes, foram chamados por um sacerdote que os conduziu por longos corredores até uma grande antessala. Sentado numa cadeira maravilhosamente trabalhada estava um homem de pele marrom escura, olhos negros penetrantes e vestido com um saiote de linho alvo, cingido à cintura por um cinto largo de couro e com uma pele de leopardo caindo-lhe pelos ombros. Sua cabeça estava nua, devidamente tonsurada; sua idade regulava em torno dos quarenta e cinco anos. Sua aparência era majestática, mais parecendo um rei do que um alto sacerdote.

Foram introduzidos na sala e o sacerdote que os acompanhava pediu, em língua aramaica, com certa dificuldade, que se apresentassem ao grande Putifar, sumo sacerdote do templo Hetbenben, intitulado de O Maior dos Videntes e o Filho do Corpo do rei Rá.

Israel, nessa época beirando os sessenta anos, adiantou-se e cheio de mesuras, dentro das possibilidades de seu aleijão, falou em perfeito kemetense:

196 | A Saga dos Capelinos

– Sou Israel, filho de Itzchak, filho de Avraham, filho de Tareh. Este é meu filho Yozheph, que adquiriu direitos à primogenitura, e este é o meu tartan, Zarek de Ugarit.

Os dois homens reverenciaram o sumo sacerdote, e ele, sem despregar os olhos de Yozheph, falou de forma imponente em perfeito caldeu:

– Yozheph ben Israel, eu lhe aguardava há bastante tempo. Foi-nos dito que deveríamos ensinar-lhe as artes dos antigos e que você teria uma missão importante para nossos povos.

Voltando-se para Israel, que estava abismado, disse-lhe em voz amistosa:

– Sente-se aqui e refresque sua garganta com cerveja gelada e reanime seu corpo com um pedaço de pernil de cordeiro. Você, meu nobre Zarek de Ugarit, leal servo de Israel, sirva-se também, e conversemos.

Olhando para o sacerdote que estava ao lado, fez-lhe um sinal com a cabeça. O monge segurou o braço de Yozheph e gentilmente o levou para o interior do templo.

– Não se preocupem. Vamos banhá-lo com ervas aromáticas e vesti-lo com roupas apropriadas para fazer o grande teste.

– Que teste, nobre Putifar? – perguntou Israel, preocupado com seu filho.

– O teste do benbenet. Se ele passar, ficará. Se não passar, volverá com vocês para Gessém.

– Sofrerá alguma coisa?

– Claro que não, Israel. Não somos um povo sanguinário. Aliás, é por isso que estamos sendo dominados pelos estrangeiros.

– Não somos dominadores, grande Putifar.

– Ora, ora, meu caro Israel. Você pode não ser, pois sei que fez votos de não matar nenhum ser humano ao seu deus, mas os demais são homens sem vísceras e coração. Já estão dentro do país e o novo faraó do Sul, Neferhotep, faz de conta que não existem. Imagina que fechando os olhos irão desaparecer. É um tolo que prefere escutar os afeminados sacerdotes de Ipet-Isout do que nós, que sempre fomos o principal e maior oráculo do mundo, repositório das verdades eternas e fiel depositário da ave benu.

Israel perguntava-se como aquele estranho sabia de seu juramento a Yahveh. Putifar parecia tê-lo escutado pensar e respondeu-lhe, em tom melodramático:

– Não sou sumo sacerdote à toa. Todos os deuses são filhos do Deus único, não importa o nome que lhe dermos. Seu deus fala com meu neter, que fala comigo, e eu apenas repito, humildemente, o que ele me manda repetir. Sou o porta-voz de meu deus, assim como você é o porta-voz do seu. Bendito, louvado seja!

Zarek de Ugarit entrou na conversa, atrevendo-se a fazer uma pergunta:

– Grande Putifar, o que acontecerá à terra dos kemetenses?

– Já está dominada pelos estrangeiros e será reconquistada no final. Eu sou um homem muito prático e vejo em tudo o dedo do inefável. Se os amus estão aqui, devemos ensinar-lhes nossas ciências e a nossa arte. Por outro lado, temos que aprender com eles suas artes guerreiras, seu manejo de rebanho, suas técnicas agrícolas e sua estranha cultura. Já era hora de o Kemet corresponder-se com o resto do mundo e não se fechar em sua concha. É por isso que iremos fazer o teste com Yozheph. Seu filho é um eleito do destino para se tornar o traço de união entre os hicsos e os kemetenses.

Naquele momento, entrou Yozheph, usando um curto saiote kemetense, com seu jovem corpo luzidio pelos óleos e perfumes que nele haviam sido esfregados.

– Venha comigo, Israel.

Putifar, virando-se para Zarek, disse-lhe, gentilmente.

– Você terá que esperar aqui, meu caro Zarek.

Andaram por longos corredores e chegaram a uma grande porta que dava para um quarto pequeno. Putifar, Israel e Yozheph entraram, ficando do lado de fora o sacerdote adjunto. A porta se fechou atrás deles, enquanto os três homens se acostumavam à penumbra.

198 | A Saga dos Capelinos

No meio da sala, que não era muito grande, havia uma pirâmide de cerca de dois metros de altura, com um bico avermelhado e o restante negro.

Putifar aproximou-se do moço e lhe disse em copto, a língua vulgar usada pelos kemetenses:

– Tsafenat-Paneac, olhe e diga-me o que você está vendo.

Se os presentes tivessem olhos espirituais aguçados veriam, ao lado de Yozheph, um espírito de grande luz que iluminou seu cérebro com um forte jato de luz. Yozheph ficou tonto, apoiando-se em Putifar, que o acalmou com um olhar. De repente, o moço começou a tremer, levantou os dois braços para os céus e começou a falar numa língua estranha, tão gutural e cheia de aglutinações que o próprio órgão da fala era incapaz de articular corretamente as palavras.

Putifar ordenou-lhe:

– Fale no idioma caldeu, em caldeu.

Yozheph desandou a falar em sua língua natal, sendo acompanhado pelo pai e pelo sumo sacerdote. Falou durante mais de quinze minutos e, subitamente, desmaiou, pois o esforço mental fora superior a suas forças.

O jovem havia contado que a pirâmide era a barca de Rá, que havia trazido os homens da planície primordial, através dos mares que os rodeavam. O benbenet era a ave benu, que em certos momentos representava o próprio Deus e, em outros, o Hiquê – a essência vital. Muitos falavam que os homens haviam sido trazidos pela ave benu da Ilha de Fogo, um local místico, além dos oceanos que rodeiam a Terra. Uma lenda tipicamente capelina.

Putifar olhou para Israel e disse-lhe:

– Minha visão estava certa. Estou esperando por ele desde que meu avô Seankhtaui dissera-me que tivera a visão de que um descendente de um pastor chamado Avram viria para dirigir nossos povos para um futuro melhor.

Putifar chamou o sacerdote e mais dois ajudantes, que levaram o moço para outro quarto onde lhe foram friccionadas fragrâncias finas nos pulsos e na fronte, até que voltou a si. Foi lhe dado um copo de vinho e ele sentou na cama.

Israel, vendo seu filho melhor, perguntou para Putifar:

– O que era tudo isso que meu filho falou?

– Seu filho é um grande vidente. O deus que se comunica através dele é poderoso e sábio.

– Só pode ser nosso deus Yahveh.

– Que seja!

– Só não entendi o que ele falou.

– Disse-me o significado da barca de Rá, da ave benu, de Ahtilantê e dos atlantes, de como viemos parar aqui e da razão por que os deuses nos deserdaram do paraíso.

– Não entendo nada disso, mestre Putifar.

– Deveria, pois vocês dois vieram de lá – respondeu-lhe enigmático.

O jovem gemeu e o pai foi ver o que estava acontecendo. Vendo o moço sorrir, ficou mais calmo.

– Falemos de negócios, meu caro Israel. Quero seu filho aqui para ser treinado para ser o sacerdote do seu deus Yahveh e, em troca, lhe darei a primazia de vender suas ovelhas para o Hetbenben. Se não me engano, foi aqui que começou sua riqueza com seu avô, Avram, e aqui você prosperará ainda mais.

– Mas meu filho...

– Estará em mãos seguras. Aprenderá os assuntos de Estado além de todos os assuntos profanos. Tornar-se-á um sábio e sua inteligência, que já é rara, tornar-se-á luminosa. Seu nome será famoso entre os kemetenses e os estrangeiros do baixo Iterou. De hoje em diante, será chamado de Tsafenat-Paneac.

Assim foi feito. O rapaz ingressou na mais célebre escola de profecias, magias e mistério do mundo, e o pai enriqueceu ainda mais, vendendo seus terneiros para o mosteiro.

Os anos se passaram, e Tsafenat-Paneac, o antigo Yozheph, filho de Israel, atingiu vinte e cinco anos. Nesses anos todos, estudou os mistérios da magia, da história e da escrita dos sábios sempre sem

200 | A Saga dos Capelinos

esquecer a aliança que o bisavô, o avô e o pai fizeram com Yahveh. Tsafenat-Paneac aprendera a desenvolver seus dons de intuição e a conhecer o futuro por inúmeros processos divinatórios.

Visitava sua família de tempos em tempos, e observava como seus irmãos o tratavam de forma rude e cheios de maledicência. O que corria entre eles é que Yozheph era o adamado de Putifar, e que o pai o havia vendido pela primazia de comercializar as ovelhas no templo.

O Hetbenben era um ambiente de meditação e não havia nada que o desabonasse. Tsafenat-Paneac era um rapaz sério e que não se imiscuía com ninguém. Aprendera a dominar seus sentimentos e sua intuição altamente aprimorada era um guia certeiro contra a insanidade dos irmãos, que só esperavam um senão para matá-lo.

O tempo passou inexorável. Israel estava há vinte anos em Gessém, e tornara-se cada vez mais rico. Tsafenat-Paneac tinha agora trinta anos e havia se casado com a filha de Putifar, a bela e exótica Asenet, que já lhe dera dois filhos: Manassés e Efraim, em cujo parto fora acometida de uma febre puerperal e por pouco não morrera. Sobrevivera, mas ficara estéril.

Os hicsos não alteraram a vida dos kemetenses de forma radical. Os pobres felás continuaram suas vidas miseráveis, pagando agora aos novos amus. As várias tribos eram representadas pelos seus diversos chefes, e Israel era um deles. Sua riqueza e seu gado o faziam ser bem visto entre os vários chefes da região. Até mesmo alguns governadores hesepianos do Kemet eram bem recebidos. Por uma dessas estranhas concepções, os hicsos assimilaram os costumes kemetenses mais rapidamente do que os autóctones apropriaram-se dos deles. Essas reuniões eram mais festivas do que de trabalho; todavia, alguns assuntos sérios eram tratados, e, num deles, Tsafenat-Paneac foi com o idoso pai já que o ancião desejava passar o comando do clã ao seu filho.

Pouco antes de morrer, Salatis havia passado o comando a Khian. O novo chefe, que agora se intitulava de faraó, fora eleito pela maioria hurrita apoiada pelos cananeus, entre eles Israel. Tsafenat-Paneac fora apresentado pelo pai ao faraó, durante a festa, realizada em Djedu.

Os Patriarcas de Yahveh | 201

A figura tonsurada de Tsafenat-Paneac chamara a atenção do faraó hicso, que mandou que investigassem quem era tão nobre figura. Descobriu que, além de ser filho de Israel com direito à primogenitura, portanto herdeiro de imensa fortuna, era também monge do famoso mosteiro do Hetbenben de On, sendo casado com a filha do sumo sacerdote Putifar.

– Este homem conhece segredos fabulosos, pois tenho certeza de que é um grande oráculo. Traga-o para mim no final da festa. Quero vê-lo no meu palácio em Auwariyash.

Os três dias de comemoração transformaram-se em cinco e, no final, Tsafenat-Paneac recebeu o convite para ir à cidade-fortaleza de Auwariyash falar com o faraó Khian. Israel o encheu de recomendações e o enviou com joias e presentes para agradar o soberano.

Auwariyash era uma cidade-fortaleza totalmente cercada por muros altos, com guardas fortemente armados e uma guarnição de dois mil soldados em permanente estado de alerta. Além disso, os hicsos, assustados com possíveis expansões vindas da Ásia, tinham feito fortalezas inexpugnáveis em Canaã.

O palácio de Khian era uma praça fortificada dentro da cidade-fortaleza. No seu interior, imperavam o luxo e a ostentação. A ala das mulheres tinha trinta e cinco recintos com mais de duzentas concubinas. O piso era de granito vermelho e negro trabalhado e polido, a ponto de se pode ver o rosto refletido nele.

Tsafenat-Paneac foi conduzido pelos longos corredores até a sala do trono, onde seu escravo núbio depositou os presentes mandados por seu pai. Khian já o esperava e o recebeu muito bem. Havia simpatizado com o homem calmo e digno, de uma beleza estranha, misto de caldeu e caucasiano, com olhos grandes e cílios longos, que lhe davam um ar dócil e tranquilo.

– Então você é um monge do Hetbenben?

– Em parte sim e em parte não. Conheço os segredos do mosteiro, mas nunca serei monge por não ter nascido de família nobre do Kemet. Além disso, fui mandado para lá como uma troca de

202 | A Saga dos Capelinos

culturas entre nosso povo e os kemetenses. Para completar, não creio nos deuses do Kemet, pois tenho um deus único chamado Yahveh, o qual creio que seja o verdadeiro.

– Yahveh? Creio já ter ouvido falar nesse deus. Se não me falha a memória, foi em Ebla ou em algum lugar próximo.

– Pode ter sido em Haran.

– Quem sabe! Eu também creio num único deus, que chamo de Sutekh. Mas deixemos os deuses e suas vidas atribuladas e nos preocupemos com o dia a dia. Chamei-o, inicialmente, mais por curiosidade, mas creio que possa ser mais útil do que eu esperava. Com seu vasto conhecimento da história desta terra, dos seus costumes e de seus deuses, você poderá ser de grande utilidade para resolver um problema que vem me aborrecendo.

Tsafenat-Paneac meneou a cabeça de um lado para outro, como a dizer que a assertiva do faraó podia estar certa. Khian gostou do modo calmo como Tsafenat-Paneac se comportava. Podia-se ver doçura, integridade e firmeza. Não era um daqueles guerreiros esquentados que queria resolver tudo com violência. Aquele homem conhecia os costumes dos heseps, sabia como comandar os kemetenses, por ser praticamente um monge do Hetbenben.

Khian explicou-lhe que eles tinham dificuldade em comandar os heseps. Tudo era administrado pelos escribas, e os amus tinham dificuldade em entender aqueles símbolos e as formas como eles registravam todos os eventos contábeis. Sentiam-se espoliados e Khian precisava de alguém que conhecesse bem, não só a escrita e os registros, como também a alma kemetense.

Os escribas kemetenses que tomavam conta dos heseps eram escorregadios e finórios. Khian pensara em substituí-los por gente de sua confiança, mas, além de não encontrar ninguém apto entre os hicsos, tinha medo de perder a memória da administração. Ao trazer Tsafenat-Paneac, que conhecia bem os kemetenses, para sua administração, ele transferia o problema hesepiano para ele e se livrava de uma situação complicada para a qual não tinha aptidão para tratar.

Certo dia, após o despacho da tarde, Khian, relaxando de um dia de trabalho, estava conversando com alguns aliados, entre eles Tsafenat-Paneac. A conversa discorria sobre sérios problemas havidos na fronteira de Canaã. Havia um forte hicso em Sharuhen que fora atacado por uma horda de cananeus famélicos. A grande seca já grassava há mais de trinta anos e os remanescentes daquele lugar haviam tentado entrar no forte hicso para alimentar-se, pois aquele bastião era servido por comida vinda do Kemet.

– Se bem me lembro, vocês vieram de Canaã, fugindo da terrível seca. Não é verdade?

– Sim, meu senhor. É uma seca terrível que assola aquelas terras de vez em quando.

– Ainda bem que esta seca não atacou o Kemet – afirmou Khian, mais tranquilizado.

– Sinto muito alarmá-lo, meu senhor – disse Tsafenat-Paneac –, mas a história deste vale registra inúmeras secas. Algumas foram tão brutais que os homens se mataram para comerem uns aos outros.

– Será que isso poderia também acontecer conosco?

– Por que não, meu senhor!? Esses períodos de seca nunca avisam com antecedência.

– O que poderíamos fazer para minorar os efeitos de tal seca?

– Basta ser previdente. Houve governadores dos heseps que sempre mantinham trigo estocado em suas casas para suprir sua família e seus amigos. Em passado longínquo, Alguns destes lordes ficaram riquíssimos ao vender o excedente de trigo a preços exorbitantes.

Khian, com os olhos brilhando, disse:

– Sabe que você me deu uma excelente ideia? Se nós construíssemos armazéns por todo o reino para guardar trigo, cevada, carne salgada de carneiro, de boi e peixes, poderíamos estar preparados para os anos de seca. O que você acha, Tsafenat-Paneac?

O jovem homem olhou com admiração para Khian e disse-lhe, agora com uma pequena chama de entusiasmo nos olhos e na voz:

– Se houver anos de grande abundância, poderemos comprar todo o excedente, estocá-lo e distribuí-lo quando vierem os anos famélicos.

204 | A Saga dos Capelinos

Isso exige um projeto amplo e de repercussões políticas extraordinárias, do qual o meu hemef (majestade) poderá emergir como o legítimo faraó das Duas Terras, sem ter que lutar batalhas sangrentas e dominar o povo do Sul pela força. A fome fará esse trabalho por nós.

Khian, com os olhos brilhando de satisfação, entendera a extensão de tudo o que Tsafenat-Paneac lhe dissera. Era uma chance única que lhe seria dada numa bandeja de prata.

Pensando nas palavras de seu conselheiro, o faraó fez uma pequena pausa. Depois de alguns instantes de inquietante mutismo, ele sorriu e falou, pausadamente:

– Realmente, você tem razão, meu caro Tsafenat-Paneac. Para tal, dê-me alguns dias de tempo para pensar e costurar algumas alianças e lhe darei uma resposta sobre o projeto de que estamos falando.

Tsafenat-Paneac recolheu-se aos seus aposentos, quase uma ala inteira, onde morava com sua família. O local era agradável. Havia muitas pessoas para conversar. Ele já estava há mais de um ano com Khian e descobriu que sua influência crescia dia a dia. No início, ficava calado na maioria das reuniões. Escutava e familiarizava-se com a estrutura de poder do faraó dos hicsos. Depois, aos poucos, ele passou a ser consultado por Khian na frente dos demais e suas respostas lhe granjearam a fama de ser um sábio, além de ser um profundo conhecedor da estrutura dos heseps e do pensamento kemetense.

Os dias se passaram morosamente até que foi chamado para uma cerimônia pública na corte de Khian.

– Adiante-se, Tsafenat-Paneac.

A voz de Khian era forte e firme, ribombando pela grande sala do trono. Estavam presentes ali mais de oitenta chefes, chefetes, donos de imensas fortunas, como Israel e os ministros do rei. Além deles tinham sido convidados mais de trinta sumo sacerdotes dos cultos maiores e sacerdotes de cultos menores para que ouvissem o que o faraó tinha para falar. Tsafenat-Paneac adiantou-se, com sua roupa de linho branco, um cinto de couro e sua cabeça tonsurada.

– Ouçam todos aqui presentes as minhas palavras.

A assistência estava calada e ajoelhada perante o faraó Khian, que estava sentado no seu trono.

– Nomeio agora Tsafenat-Paneac como meu tati, meu segundo em comando. Não haverá homem nenhum no reino que não lhe deva obediência a não ser este trono.

A cerimônia não causou espanto a ninguém. Khian vinha preparando a mente de todos nas últimas semanas. Conversara longamente com seus aliados hititas, hurritas e citas para convencê-los de que Tsafenat-Paneac era o homem certo para o grande projeto. Eles aceitaram e se curvaram.

A aliança em que se constituíam os hicsos era muito frágil, podendo ser destruída de uma hora para outra. Salatis fora hitita e, após sua morte, só não houve guerra porque Khian fora rápido em conseguir alianças que o fortaleceram. No entanto, não era segura e firme, podendo a qualquer minuto ser desfeita. Khian aproveitara o momento de paz para se estruturar, sabendo que não era o homem certo para a burocracia do estado. Gostava de comandar e de fazer grandes obras. Drenara grandes regiões alagadas do delta, ampliando em muito as áreas de plantação. Refizera alguns canais que haviam sido abertos por faraós anteriores e, como não haviam sido cuidados convenientemente, tinham ruído. Ajudara a refazer alguns templos que estavam prestes a cair, assim como ampliara as docas de vários lugares para permitir a atracação de embarcações maiores. Estabelecera novamente comércio com Byblos, Tiro, Sidom e Creta. No entanto, os vinte heseps do Norte eram de difícil administração e somente Tsafenat-Paneac conseguia resultados com os escribas dos heseps.

Durante meses, Tsafenat-Paneac visitou os heseps e com grande paciência e treinamento foi colocando a administração em dia. Com gentilezas e amabilidades, foi moldando os escribas ao seu modo e jeito. Nada escapava ao olhar arguto e repreendia mansamente, elogiando sempre que possível. Durante o primeiro ano, construiu vinte e dois fortes, bem-murados, com grandes armazéns e área externa que possibilitassem reunir as pessoas de forma

206 | A Saga dos Capelinos

ordeira. Essas construções receberam guarnições de soldados diferentes. Era uma das primeiras vezes na história em que um administrador separava as funções do exército e da polícia. Tsafenat--Paneac instituíra uma força policial que tinha como incumbência exclusiva fiscalizar os grandes depósitos de alimentos.

Levaram quase um ano para construir os depósitos e terminaram no momento da colheita. Os governadores dos heseps receberam ordens de comprar o máximo possível da colheita de grãos e levar para os grandes depósitos. Nesse momento, eram contabilizados e enviados relatórios para Auwariyash. Os grãos eram moídos, cozidos em fornos, ensacados em sacos de linho fino para serem colocados em linhão rústico e grosso, e empilhados até o teto. Começaram a empilhar da frente para trás, de tal forma que o primeiro a entrar tivesse que ser o primeiro a sair.

Grandes quantidades de rebanho bovino, caprino e ovino foram compradas por preços irrisórios e abatidas nos pátios internos. O sangue era retirado por cortes longitudinais no pescoço; os animais, retalhados com grande maestria e, finalmente, as carnes eram salgadas e deixadas a secar no sol. Depois disso eram enroladas em linho fino e levadas para o interior dos depósitos, onde eram novamente ensacadas em linhão. O azeite, o vinho, a madeira fina eram estocados e guardados a sete chaves. Tudo era contabilizado e devidamente preparado para ser comercializado em futuro próximo.

Tsafenat-Paneac, muito esperto, avisou ao pai, que mantivesse os rebanhos em local aprazível e que, ao segurar a venda dos terneiros, viria a ganhar muito mais no futuro. Desse modo, Israel multiplicou seu rebanho. Para tal, não vendeu as fêmeas e ampliou o número de matrizes.

O período de anos normais não foi totalmente livre de problemas. A paz interna reinava e as fronteiras orientais e ocidentais estavam asseguradas; porém, internamente, diferentes situações exigiam a atenção de Tsafenat-Paneac, obrigando-o a extensas viagens para controlar tudo e não ser roubado.

Do momento em que Tsafenat-Paneac fora promovido a tati até os primeiros sinais de que o rio Iterou não iria transbordar, como sempre ocorria, passaram-se quatro anos excelentes, em que se fez de tudo para adquirir todo o excedente da produção. Milhares de marrecos foram mortos e salgados, assim como houve a caça sistemática a animais ferozes, cuja carne também foi preparada para a conservação.

O primeiro ano ruim não foi tão terrível quanto se esperava, e Khian e Tsafenat-Paneac acreditavam que ainda haveria anos bons. Notaram que o Iterou praticamente não transbordara. Ora, sem enchente, não haveria o depósito de húmus, logo a terra não ficaria fértil. A colheita foi fraca, mas ainda supriu as necessidades. Alguns lugares necessitaram de complementos alimentares, o que não causou problema.

No segundo ano, não houve inundações do Iterou e, para piorar a situação, os meses de plantio foram secos, quentes e abafados. Tempestades que vinham do oriente traziam areia do deserto arábico, soterrando as lavouras. Aos poucos, apareceram as pragas que atacaram os vegetais, mostrando que a natureza estava em desequilíbrio. A partir daquele ano, as terríveis previsões começaram efetivamente a acontecer.

A fome atacou não só o norte, mas também o sul. As pessoas compravam a preços cada vez mais extorsivos a carne salgada, as farinhas e os azeites. Israel conseguiu vender quase todo o seu rebanho a preços estratosféricos, o que o tornou ainda mais rico.

Os sacerdotes recebiam uma cota semanal gratuitamente e alguns, os mais importantes, recebiam cotas extras que lhes eram entregues na calada da noite. Os pobres, e até mesmo os ricos, passavam fome ou comiam o que lhes restara de seu rebanho pessoal, suas farinhas e outros alimentos.

O terceiro ano foi fatídico. Não ocorreu a inundação, houve tempestades de areia o tempo todo, acrescidas de pragas de pulgas, percevejos e gafanhotos. Os ratos andavam pelas cidades, pois os homens haviam comido os gatos. Houve casos de canibalismo e a polícia de Tsafenat-Paneac teve que intervir em vários lugares. Os depósitos podiam sustentá-los ainda por dois anos e nada mais.

208 | A Saga dos Capelinos

Nesse período, os preços foram tão escabrosamente aumentados que muitos pobres venderam seus terrenos ao faraó e a Tsafenat-Paneac para poderem comer. Além disso, muitos se venderam em troca de comida, transformando-se em escravos. Os hicsos também se curvaram ao poder do faraó, que passou a dominá-los pela fome. Nessa época terrível, Khian desfez-se de vários inimigos por meio de assassinatos, no qual ninguém prestava atenção, já que estavam preocupados com a fome. Pequenas revoltas aconteceram aqui e acolá, logo debeladas pela polícia de Tsafenat-Paneac que, bem-alimentada, não teve dificuldade em colocar ordem na matula infrene.

Nessa época, para justificar a rapacidade com a qual Tsafenat-Paneac e, especialmente, Khian lidavam com a venda dos bens, os sacerdotes, mancomunados com o poder central, contavam uma lenda, que entraria para a história, falando dos sonhos do faraó e como Yozheph os havia decifrado, prevendo a calamidade. A lenda transformava os vilões em heróis: um por receber a mensagem premonitória dos deuses e o outro por tão bem decifrá-la e ser tão precavido, que veio a salvar o povo da morte hedionda.

Quando o Iterou transbordou no outro ano, Tsafenat-Paneac mandou vir de Byblos, como fizera Osíris há mil e setecentos anos, sementes de trigo, cevada e sorgo e deu ordens aos governadores dos heseps para arrendar as terras produtivas aos seus antigos donos, desde que pagassem pelas sementes com um quinto de tudo o que produzissem. Deste modo, Tsafenat-Paneac estabelecera o imposto sobre a produção no Kemet, costume anterior que caiu em desuso devido ao desgoverno da II dinastia, por volta de 2.600 a.C.

Khian estava satisfeito porque conseguira dominar o Alto Kemet, o sul, pela fome. O faraó e os nobres do sul juraram vassalagem a Khian e passaram a lhe pagar uma taxa anual. Dentro de seu cadinho de nações, clãs e greis, Khian conseguira um domínio quase completo, já que as terras passaram a ser sua propriedade e tudo o que nelas existia, incluindo homens, rebanho e plantas. Tornou-se

O senhor irrefragável de tudo no Kemet. E isso graças à astúcia, ao tino administrativo e comercial de Tsafenat-Paneac, o tati do Kemet.

O período negro de fome e miséria foi superado e, aos poucos, o generoso Iterou foi devolvendo a fertilidade às terras. Com isso, a vida pôde prosseguir sem grandes sobressaltos. Khian era um homem astuto e sabia que sua aliança com o sul era meramente temporária. Em alguns anos, os sulistas, longe demais para serem vigiados, teriam sua independência e se tornariam uma perigosa ameaça ao poder dos hicsos. Tsafenat-Paneac sabia disso também e se prevenia, colocando como governadores dos heseps, no sul, homens de sua confiança. Durante seu governo e no de Apopi I, filho de Khian, os hicsos mantiveram sua dominação, especialmente pela economia. Nada entrava ou saía do Alto Kemet que não passasse pelo Baixo Kemet, totalmente controlado pelos amus.

Israel tinha alcançado uma idade provecta para aqueles tempos, quando a média de vida era de quarenta e cinco anos. Estava com oitenta e dois anos e já apresentava vários sinais de senilidade avançada. Tinha ordenado a Yozheph que, assim que morresse, enterrasse seus restos fúnebres em Canaã. Logo após sua morte, depois de passar pela técnica de embalsamação do Kemet, seu pedido foi atendido.

Khian ainda viveu mais algumas décadas. Tsafenat-Paneac perderia sua importância no palácio, tornando-se um tati com obrigações mais administrativas, sem regalias e poderes.

Com a morte de Khian, seu sucessor, Apopi I, manteve Tsafenat-Paneac no seu status quo. Era um homem acostumado a caçadas e viagens pelo reino, e não queria se envolver com os detalhes administrativos do reino. Tornou-se, no entanto, um bom governante. Soube sustentar a paz entre os vários grupos de estrangeiros e manteve Tsafenat-Paneac até que alcançasse a idade de sessenta e três anos, quando veio a falecer.

A época que se seguiu foi de paz e de prosperidade conseguida, principalmente, graças ao poder das armas e da dominação

210 | A SAGA DOS CAPELINOS

econômica. Os hicsos introduziram vários avanços tecnológicos na metalurgia do bronze e na agricultura, mesmo que tenham assimilado mais aspectos da cultura kemetense do que tenham introduzido. Sua passagem pelo Kemet foi particularmente útil para tirar o país do marasmo do isolamento.

Os hicsos só foram capazes de entrar no país graças ao enfraquecimento geral do poder no Kemet. Cento e cinquenta anos depois seriam expulsos por uma nação muito mais organizada, dinâmica e enérgica.

Com a morte de Tsafenat-Paneac, a sua tribo, que havia aumentado grandemente, continuou espalhando-se pelas terras do Baixo Kemet.

Os hicsos foram expulsos por um jovem faraó do sul, Ahmés, fundador da XVIII dinastia de faraós, mas os habirus continuaram, porquanto nunca fizeram parte da nobreza importante dos hititas, hurritas e citas que dominaram o Kemet. Ahmés, o faraó, os perseguiu até Canaã, onde os derrotou diante da cidade-fortaleza de Sharuhen.

Os habirus foram considerados forasteiros que vieram depois, o que é verdade, e que não tiveram maior influência nos acontecimentos – o que não refletia a realidade, já que Tsafenat-Paneac foi de grande importância durante o reinado hicso. Para completar, para os kemetenses, Tsafenat-Paneac não passava de um nome esquecido. Muitos até achavam que era um kemetense renegado que ajudara os hicsos a governarem o país nos tempos distantes de um faraó chamado Khian.

• • •

Enquanto tudo isto acontecia com os descendentes de Avraham, o espírito que fora Washogan, o deus Yahveh dos hurritas, e que já houvera reencarnado como Kalantara, a sacerdotisa de Shiva, agora prosseguia em sua nova existência como um hitita, de nome de Pusarma, renascido como homem, na Ásia

Os Patriarcas de Yahveh | 211

Menor, numa pequena aldeia perto de Hatusa, a cidade capital dos hititas. Seu pai era um moleiro, e ele, sexto filho de oito crianças, ajudava a família, trabalhando na moenda. Ao completar quinze anos, visitou a capital hitita e ficou encantado com todo o luxo, as pessoas e as belas mulheres. Logo seu espírito ferveu e anelou viver em Hatusa.

Seu pai, que precisava dele, proibiu-o. Mesmo assim, por dois anos, o jovem não pensava em mais nada a não ser tornar-se parte daquela nobreza. No entanto, a família de onde provinha era extremamente pobre. Cada mão era absolutamente necessária; mas, mesmo ciente deste fato, ele fugiu da casa paterna, onde recebia carinho e aconselhamento, e ingressou no exército hitita.

A cidade de Hatusa ficava no planalto da Anatólia, entre montanhas cobertas de neve e sujeitas a tempestades. Os hititas eram um povo indo-europeu, sendo baixos, atarracados, de nariz adunco; usavam brincos e amarravam os cabelos em rabos de cavalo, que, de tão bastos, chegavam a protegê-los de golpes na nuca. Tanto os homens como as mulheres usavam túnicas, sapatos de ponta levantada e longos mantos de lã quando fazia frio.

Mesmo sendo um povo guerreiro, tinha um código de leis extremamente avançado, sendo pioneiro na diplomacia, o que lhe permitira estender seus domínios por meio de negociações e tratados, em vez de usar a força bruta.

Pusarma era um homem dotado de grande inteligência e abominava a pobreza da vila do pai. Os ricos sítios de Hatusa eram fascinantes para ele. Com dezessete anos, ingressou no exército de Mursili, que estava montando uma grande força militar para tomar de assalto nada menos do que a Babilônia. Seu ingresso no exército contrariava a vontade do pai, cuja família pobre necessitava de seu trabalho junto com o dos dois outros irmãos. Ser o condutor de um carro de guerra hitita era, no entanto, muito mais empolgante do que ser moleiro.

O carro de combate hitita era uma poderosa arma de guerra e Pusarma conseguiu adaptar-se magnificamente bem. Alguns meses

212 | A Saga dos Capelinos

mais tarde, o exército de oitenta mil homens de Mursili saía de Hatusa, atravessava montanhas, morros, planícies, rios e riachos, descia a alta Mesopotâmia e atacava com sucesso a cidade de Babilônia. As forças se digladiaram nas portas da cidade e a vitória de Mursili foi completa.

Sempre preferindo tratar bem os inimigos, os hititas não destruíram a cidade. Entraram ordeiramente, trataram velhos, mulheres e crianças como se fossem seus parentes e cultuaram seus deuses, não impondo as suas estranhas divindades, como Hurri, Seri, Teshub e Shauska.

O império hitita não estava ainda formado – só o seria com o rei Suppiluliuma, em 1353 a.C. Naquele tempo, as intrigas palacianas eram costumeiras e inúmeras vezes. Um rei era deposto por golpes de estado, esfaqueado ou envenenado. Mursili recebeu a notícia de que seu cunhado havia dado um golpe de estado e, deixando uma pequena guarnição local, voltou às pressas para Hatusa, onde encontrou a morte nas mãos do usurpador, que lhe preparara uma bem sucedida emboscada.

Pusarma havia ficado na pequena guarnição de Babilônia. Durante quase dois anos, teve a oportunidade de conhecer os deuses, a cultura, as leis e as lendas babilônicas. Relacionou-se com uma mulher mais velha, da alta sociedade babilônica, viúva, que lhe deu excelente guarida em seu pequeno palácio às margens do Eufrates. Todos os dias, as escravas lhe davam banhos de ervas aromáticas e a dama o possuía com vigor redobrado.

No final daquele período idílico, a guarnição hitita saiu de Babilônia e Pusarma despediu-se da dama com os olhos rasos de lágrimas, pois afeiçoara-se grandemente àquela nobre companhia. No entanto, povos indo-europeus, vindos do planalto iraniano ocidental, entraram na Anatólia e demandaram toda a ajuda necessária.

Pusarma era o protegido de um comandante de esquadrão hitita chamado Zidanta, que viu no jovem características excelentes, mantendo-o, por isso, sempre perto de si. Zidanta abominava Han-

Os Patriarcas de Yahveh | 213

tili, que fora o cunhado de Mursili e seu assassino. Não que tivesse tido alguma consideração pelo falecido monarca, porém tinha ainda menos pelo usurpador e traiçoeiro Hantili, que havia sido o escanção do rei, um proeminente cargo, só conferido a pessoas de grande confiança.

Zidanta deu a ideia de se fortificar Hasuta, como pudera ver em Uruck, cidade da antiga Suméria, murada por Nimrud. Ao convencer Hantili da importância da obra, recebeu a incumbência de construir a poderosa muralha. Pusarma, cujo o poder aglutinador e de liderança já havia chamado a atenção de Zidanta, foi convidado para coordenar a construção.

Hatusa foi fortalecida a tempo de rechaçar um vigoroso ataque dos cassitas, que, depois deste ataque, não voltaram mais a incomodar. Zidanta continuou a se destacar na sociedade hitita por sua grande inteligência e brilhante estratégia, galgando a escala social e levando Pusarma consigo.

Pela primeira vez, Pusarma, embevecido, participava da corte. Era parte do poder e, com isso, ganhava muito dinheiro – Zidanta e ele desviaram grandes somas na construção da muralha. Não esqueceu, no entanto, o pai e sua família; ao visitá-los, tirou-os da miséria, instalando-os em cargos proeminentes, especialmente seus dois irmãos mais velhos.

Eles abriram um grande comércio de grãos, ovelhas e artigos lanígeros, tais como tapetes, roupas e outros produtos. Mas Pusarma não conseguiu restabelecer seu relacionamento com o pai. O velho ressentia-se do fato de o filho ter abandonado a família quando esta mais precisava dele e de ter voltado com poses de grande senhor e, do alto de sua soberba, tê-los abrigado como se fossem mendigos.

Zidanta convenceu-se de que é preciso eliminar Hantili. Ele soube que o monarca temia seu poder e sua influência entre os nobres hititas, governadores dos vários feudos que constituíam o reinado. Preparou o assassinato do rei, junto com outros nobres, sem in-

214 | A Saga dos Capelinos

cluir Pusarma neste esquema por achá-lo excessivamente fidalgo de alma para participar de tal conluio. No mesmo dia, Zidanta matou Hantili com toda a família, incluindo Piseni, o príncipe herdeiro, irmãos, tios e primos. Vinte e oito pessoas foram trucidadas sem dó, nem piedade. Zidanta se tornou o novo rei dos hititas e Pusarma, um dos seus ministros, que, no entanto, temia a loucura de Zidanta.

Pusarma estava cativo de sua própria ambição e da eficiência que sempre demonstrou em cumprir ordens. Fazia parte do poder, mas este o revoltava e angustiava. As intrigas palacianas, as maledicências os complôs o contristavam, mas não tinha como evitá-los. Quando demonstrava vontade de se afastar, Zidanta o retinha, dando-lhe outras atribuições. Aos poucos, o próprio monarca, assustado com as vilanias que praticava, passou a confiar apenas em Pusarma.

Tinha razão o infeliz Zidanta, pois seu filho Ammuna o matou, assumindo o reinado.

Pusarma fugiu para uma província, pois sabia que Ammuna o odiava gratuitamente, tendo inveja de seu relacionamento com o pai que sempre o tratou com reservas, pois sabia estar criando não só uma serpente – o que se confirmou – como também um idiota.

Zidanta conhecia bem o filho que tinha. Seu reinado de doze anos foi um desastre. Houve numerosas revoltas nas províncias, que coincidiram com uma terrível seca que devastou a agricultura e a criação, Pusarma foi caçado pelas tropas de Ammuna e, com trinta e oito anos, foi degolado pelos sequazes do novo rei.

Ammuna morreria carcomido por um terrível câncer e seus filhos Titti e Hantili foram executados por outro traiçoeiro usurpador, Huzzija, que governou por pouco tempo. Ele arquitetou a morte de sua irmã Istaparija e do marido dela, Telepinu. No entanto, Telepinu, sagaz e ardiloso, conseguiu descobrir a tempo a trama palaciana e matou Huzzija, afastando todos os possíveis rivais, expropriando-os de suas fortunas e relegando-os à classe dos camponeses, obrigando-os a trabalhar para ganhar o sustento de cada dia. Não os matou e com isto não trouxe mais desgraças sobre sua

Os Patriarcas de Yahveh | 215

cabeça. Convocou os Pankus – a assembleia de nobres e anciãos importantes dos hititas – e conseguiu que aprovassem uma nova lei de sucessão ao trono. constituiu um reinado reparador.

• • •

Os habirus haviam se multiplicado grandemente, marcando presença em todos os estados da civilização do norte, já que alguns eram pastores, outros comerciantes, outros financistas e, como acontece em qualquer lugar, o rebotalho de miseráveis, que formavam uma incontável maioria. O motivo gerador daquela multidão de pobres era a tradição que rezava que toda a riqueza ficaria com o primogênito. Os demais irmãos recebiam dádivas do pai, e muitos nem isso. Esses infelizes, sem encontrar emprego, tornavam-se escravos e servos. Finalmente, havia a escória da sociedade, uma multidão de pedintes e ladrões que criavam uma péssima imagem dos habirus.

Os ricos intitulavam-se Benei Israel – filhos de Israel –, dizendo que descendiam diretamente de Yacob. Tinham uma legião incontável de pastores sob seu comando que continuavam a apascentar enormes rebanhos, que incluíam carneiros, cabras e bois em profusão. Dominavam o mercado de carnes e faziam os preços variarem a seu bel-prazer. Haviam abandonado a vida nômade, estabelecendo-se em confortáveis casas de estilo kemetense, dos quais procuravam copiar o estilo de vida, sem, no entanto, se intrometer na vida religiosa e não permitindo casamentos fora do seu fechado círculo.

Naturalmente, os kemetenses não os recebiam em suas casas, só fazendo negócios com eles quando necessitavam de muito dinheiro e não eram capazes de conseguir em outro lugar. Os israelitas eram pessoas abastadas, verdadeiros financistas do reino. Muitas falcatruas eram feitas e apoiadas por eles, que cobravam caro por sua ajuda.

O tempo havia passado celeremente, faltando mil e trezentos anos para Yeshua ben Yozheph nascer em Beit Lechem; o faraó Ramassu II (Ramsés), também conhecido como Usermaatre-Setemperê, fazia suas inúmeras construções que o tornariam famo-

216 | A Saga dos Capelinos

so. Ele resolvera construir uma cidade em louvor a si próprio, Perramassu – a casa dos Ramsés. Para tal, estava empregando a mão de obra fartamente disponível, os habirus. Desse modo, foi concentrada perto de Djanet, antiga Auwariyash dos hicsos, uma grande quantidade de pessoas da mesma origem que se intitulavam hebreus.

Mais tarde, em outro lugar, construiriam uma cidade fortalecida chamada Tjeku, onde a mão de obra hebreia seria fartamente utilizada. Tjeku seria conhecida pelos gregos como Piton, corruptela de Peraton – domínios de Aton. No entanto, o que era para ser um aproveitamento de pessoas desempregadas em grandes obras públicas tornou-se, com o decorrer do tempo, uma forma de escravidão.

Os hebreus não eram escravos de direito, mas o eram de fato. Tinham corveias para serem feitas e metas para serem atingidas sem as quais ficariam sem a magra remuneração. Essa paga era parcialmente dada em comida, o que fazia com que, na maioria das vezes, o empregado não tivesse nada para receber.

Uma minoria, mesmo assim expressiva dos habirus, era composta de pastores, subordinados aos israelitas, que apascentavam os rebanhos das ovelhas e cabras nas extensões vizinhas do delta, sendo mal aturados pelos kemetenses, que os achavam sujos em demasia e invasores de suas terras. Os hebreus levavam suas ovelhas às plantações kemetenses e os animais destruíam a lavoura, o que deixava os donos fulos de raiva. Houve alguns casos de morte entre pastores e agricultores, e muitos governadores dos heseps instigavam a população contra os habirus. Eram estrangeiros, sujos e desordeiros, criminosos comuns numa terra extremamente xenófoba.

Qual seria o destino dos habirus? Ficariam presos numa terra que os desprezava, mas que eles amavam? Ou os espíritos superiores iriam se condoer de sua situação? Tudo isto viria a ser resolvido em episódios futuros da saga dos capelinos.